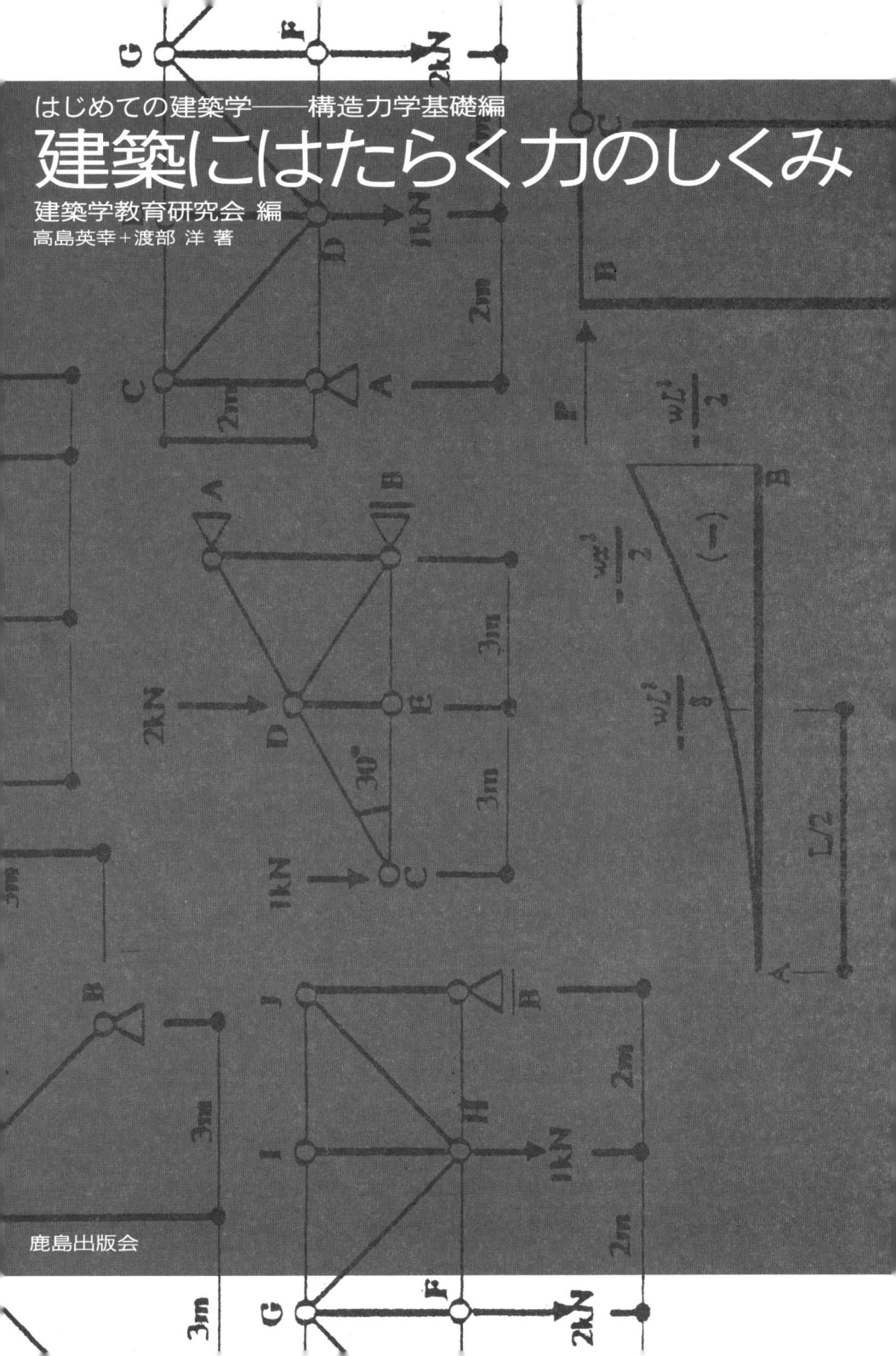

はじめての建築学——構造力学基礎編
建築にはたらく力のしくみ
建築学教育研究会 編
高島英幸＋渡部 洋 著

鹿島出版会

まえがき

本書は、初学者を対象に、建築の概要をわかりやすく解説することを目的に刊行された『建築を知る』シリーズの姉妹書で、その専門課程入門のひとつ「構造力学基礎編」として発刊したものです。建築構造のすごさのひとつは、「構造力学」という建築を支える物理学（筆者らは、「もののことわりごと」と呼ぶ）や基本原理を学ぶことで、建築デザインの可能性を大きく引き出し、飛躍させてくれることです。それは、あっと驚くような大空間や自由な形をした建築を現実のものとしてくれます。もうひとつは、「もののことわりごと」を学ぶことで、地震・災害に対しても倒壊しない安全な建築の設計を可能にし、建築や社会資本、尊い人命をも守ることができるという大きな貢献です。

そのための建築の構造力学、すなわち「もののことわりごと」を理解させるために多くの専門書が世に出されています。しかし、実に難しいものばかりです。本書は、構造力学を本質的にわかりやすく解説することを中心に読者の立場になって書かれています。本書を見開きで展開するようにしたのも、電車やバスなどの移動時間を有効に使ってもらい、気楽に読んで自然に培われた予備知識を持って、今後の専門課程での講義に臨んでもらえればという願いからです。寝転びながらでもかまいません。予習・復習が少しでも習慣づくことを願っています。

建物は、建築デザイン、建築構造、生産材料、環境設備などの多くの技術を総合させてつくり上げられます。先に刊行したこのシリーズの『住宅をデザインする』と今回の『建築にはたらく力のしくみ』に続き、今後は生産材料、環境設備などの分野での刊行も予定しています。読者の皆さんには、建築学という裾野の広い学問の基礎を本シリーズをとおして学んでいただければ幸いに思います。

2008年8月
建築学教育研究会代表　大塚雅之

建築の構造力学を学ぶ

物理は「もののことわり」と書くように、道理を数学というツールで把握していく、客観性の確立が強く要求される学問だと思います。私が真正面から物理を学習し始めたのは15歳の頃だったでしょうか。中学校でも初歩を学ぶのですが、まったくといってよいほど実感として伝わるものがありませんでした。「仕事」が一体どのような実現象で必要となるのか、「保存則」とは具体的にどんな時にいえるものなのか。つまり「なぜ必要なのか」をその時は消化できないでいました。通り一遍の講義を聴いて、本書で展開される各応力図が問題なく描けた人はそれほど多くはなかったはずです。100名のクラスで2、3名いるかいないかではないでしょうか。反復的にまず「やり方」をマスターし、その後、力学的な意味や工学的な思想を入れ込んでいくことになります。最初から講義だけで「何もかもわかった」などということはほとんどありえません。

講義内容をいかに「わかりやすく」伝えるかは永遠の命題であり、ゆえに多くの構造力学の「教科書」が出版され続けているわけです。この本も同じ範疇にあることは間違いありませんが、「ここだけは理解してほしい」ことだけを中心に読者の立場をなるべく客観的に配慮して、書いたつもりです。ここではあくまで原則的なものを学んでもらい、応用問題は他の「教科書」に譲りたく思います。

「NEVER UP, NEVER IN」とは、ゴルフの球聖と呼ばれるボビー・ジョーンズがパッティングの考え方を説いた名言です。カップに届かなければ、決してボールが入ることはない、という意味です。物事全般にいえることではないでしょうか。達するまでの努力なくしては、成果は得られないのです。教授する側と享受する側で、この精神を持っていたいものです。

本書は、初学者への道標として、期待感をもって建築を学んでもらえるような構成を目指しています。全編を通して読むことで、確実に理解が深まっているはずです。ひとりでも多くの人に構造力学の楽しさを体感いただければ幸いです。

目次

まえがき ……………………………………………………………………… 002
建築の構造力学を学ぶ ……………………………………………………… 003

第I部
建築の構造とは

1章 **はじめに** …………………………………………………………… 008

2章 **強い建築物とは** …………………………………………………… 010
　1 簡単な形から考える／2 法隆寺五重塔を考える

　コラム1　古き建築物を知る──円覚寺舎利殿の構造解析 ………… 014
　コラム2　新しい建築物を調べる──アルミニウムを使ったスペースフレーム …… 018

3章 **建築構造の形態** …………………………………………………… 020
　1 骨組／2 柱／3 梁／4 門形フレーム／5 トラス／6 アーチ／7 ドーム／8 ケーブル／
　9 シェル／10 スペースフレーム／11 材料（1 木、2 石・レンガ、3 鉄鋼、4 コンクリート、5 膜、
　6 FRP、7 アルミ）／12 支持（1 固定、2 ピン、3 ローラー、4 弾性支持）／
　13 接合（1 剛接合とピン接合、2 半剛接合）

4章 **地震に抵抗する──災害から守る** ……………………………… 042
　1 柔らかい構造物・硬い構造物／2 免震・制振

第Ⅱ部
建築構造力学を学ぶ

- 1章 はじめに ……………………………………………………………………… 050
- 2章 建築物にかかる力とは ……………………………………………………… 052
  1 みずからの重さ―自重／2 積載荷重／3 自然の力
- 3章 力の釣り合い ………………………………………………………………… 056
  1 力が釣り合っている状態とは／2 釣り合い式／3 モーメントとは／4 モーメントも釣り合う
- 4章 反力 …………………………………………………………………………… 064
  1 反力とは／2 支え方(支持条件)の呼び名／3 もっとも基本的な例題／4 例題の解説
- 5章 トラス構造物の軸力の求め方 ……………………………………………… 078
  1 トラスとは／2 軸力とは何か／3 軸力の正負／4 シンプルな例題(節点法)／5 切断法／6 演習問題
- 6章 曲げと剪断 …………………………………………………………………… 098
  1「曲げ」とは／2「剪断」とは
- 7章 梁の応力分布図の描き方 …………………………………………………… 106
  1.応力図の描き順／2 例題から学ぶ／3 演習問題
- 8章 フレームの応力分布図の描き方 …………………………………………… 128
  1 部材軸のとり方／2 例題から学ぶ／3 軸力図(補足として)／4 3ヒンジフレーム／5 演習問題
- 9章 まとめと応用 ………………………………………………………………… 158
  1 フレームの応力計算法／2 曲げモーメントと剪断力の関係／3 応用問題
- 10章 おわりに …………………………………………………………………… 164

第Ⅰ部

建築の構造とは
Begin to Learn Structures in Architecture

はじめに

建築物は風雨をしのぐだけでなく、建築物自体の重さを支えたり、人々が安心して生活、活動ができるように大きな変形を起こさないようにしたり、家具や事務機を載せて耐えることも要求されます。さらに、地震の災害から人命を守ることも、日本では建築物の大きな役割となっています。これらの問題は、建築物が「構造」をなすことで解決されるものです。

人間に例えると、「骨」や「筋肉」にあたる部分で、これらが存在することで、また適切な大きさのものが適切に配置されることで、さまざまに加わる力に耐えることができるわけです。建築物の形は建築家が個人的な趣味で決めているわけではなく、「構造」として成り立っていることを背景にして、提案できているものです。どんなに格好よくても、「かちかち山」の泥の船では、利用者は満足するはずもありません。

古い建築物を目の当たりにし、それがなぜ現在まで残ってこれたのかを考えてみることは、建築物の構造を知るための非常に有用な手段のひとつです。建築の歴史をたどることは、すなわち建築家の作品集をながめることと同じであり、それを系統立てて見ることで、大なり小なり「発見」があることと思います。特に建築物の形の変遷を眺めてみると、建築材料の発見・開発とともに、構造をなす形の理想を求めて、悪戦苦闘してきた様子も垣間見ることができます。一方で、その過程が「未知なる答え」を見つけ出そうとする「冒険」にもなっています。そこには、スリルやワクワク感、期待感につながっていくものが存在しています。そし

て、建築物が組み上がっていくなかで、その「ワクワク感」は最高潮に達して、完成とともに萎んでいくのです。「でき上がってしまうと面白みがなくなる」ことは読者の皆さんも体験されたことがあると思います。この体験を何度も繰り返していくのが、ものをつくる醍醐味でもあります。

プラモデルをつくる際にもさまざまなテクニックを労します。他の作品を観ることで、塗装の仕方、接着剤の使い方、磨き方、はては補修、補強の仕方など、新たな手法を学び、次の作品に活かしていきます。規模は異なりますが、建築物も多くの作品を見ることが先決といえます。完全に同じものをつくることはコピーになってしまいますが、まず真似をすることは非常に大事なことです。手法を知る近道は真似からスタートすることを心にとどめておいてください。

「構造力学は物理や数学に精通しなければ、学べない」は的を射てはいますが、数式処理にのみ頼ることはかえって健全ではありません。

「なぜ、こんな形にしたのだろう」、「ここに柱があった方が倒れにくいだろう」、そういった見方を持てるようになって、構造の本質はそこにあることが理解できるようになってください。「感覚」は実は恐ろしいほどに重要です。「弱く見える」ということは、その構造体がどこかに欠陥を有している可能性を感じているためだといえます。「弱く見える」原因を的確に人に伝えるために、ボキャブラリーや構造力学に類する知識も必要になります。感覚的な道理を知り、その上で、数式という後ろ盾が備われば、「鬼に金棒」です。

さて、第Ⅰ部では、建築物の「骨」（つまりはこれが構造）とはどういうもので、どんな形式があり、どのような特徴を持っているのかをみていきましょう。

強い建築物とは

1　簡単な形から考える

我々にとって最も身近な構造体は人体そのものでしょう。体は骨、筋肉、皮膚などから成り立っています。骨自体もいろいろな構造形をなしていて、湾曲しているものもあれば、直線状のものもあります。それが筋肉のさまざまな方向へのサポートで強化され、さらに皮膚によって守られています。そのため、挙動を正確に捉えることは建築構造物に対して行うことよりもはるかに困難です。機械的に追いつけない部分もあるのは、ロボットが現段階で人の動きをどの程度までシミュレートできるかを垣間見れば理解できることだと思います。そこで、ここではもっと建築構造物を直接イメージできそうな、単純なものを考えてみましょう。

図1を見てください。柱と小屋（屋根）とフレームです。(A) は1本の柱、それを2本にし、地面を底辺に三角形をなすように配置したのが (B) であり、水平に1本、その支えに2本配置したものが (C) です。さて、建築物が支えなければならないもっとも基本的かつ重要な重さは上から（鉛直方向）の重さ（荷重）です。上から力が加わったときに、ど

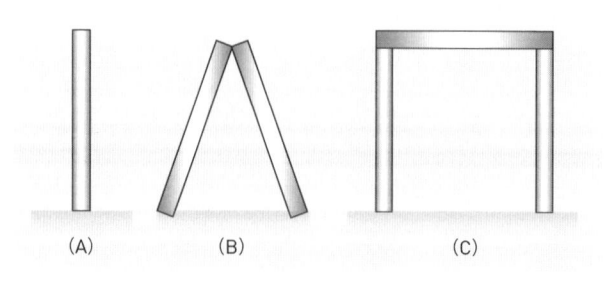

図1　棒材で構成される構造

れが一番抵抗できそうでしょうか。どれも同じ長さ、同じ太さの棒としています。

おそらく、(B)か(C)だという判断は即座にできたことと思います。上からかかる力に対しては単純に(A)の2倍以上の抵抗力を(C)が持っていることはわかると思います。問題は(B)が(A)のどの程度の抵抗力を持つのか、という点になります。単純に(A)と(C)の中間、つまり、

　まっすぐ2本立てた方が斜めにするより上からの力には抵抗できそう

という直感が湧けば、それが正解です。直感（実は多くが体験に基づいています）は非常に大切な要素です。さて、(B)では狭い内部空間が、(C)では広くとれます。この2つを屋根と居住空間と考えて組み合わせると、模式的によく描かれる「家」になります。その形から、力の流れがわかりやすい、単純明快なものに対する「安心感」を見出せないでしょうか。

一方、構造理論が理解できていくと、これら単純なものにちょっと技巧を凝らすことで、もっと大きな空間をカバーできる構造物が創造できます。

図2に示した補強方法は古くから採用されてきたもので、特に長い橋を架ける場合に使われてきました。理屈は単純で、長い橋が下にたわむから上に持ち上げて強くしよう、それには引っ張る力を伝える強いケーブルを使おう、そのケーブルの支えも必要なのでポールを立てよう、というわけです。単純な応用ですが、非常に効果的な方法で、巨大な空間を覆う屋根にも応用されています。

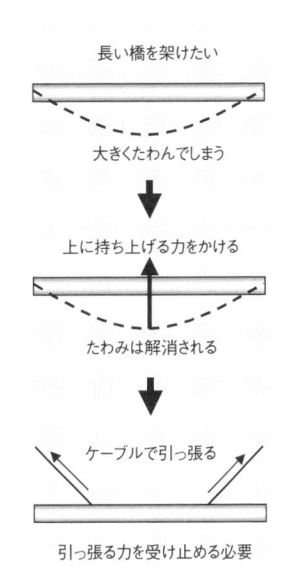

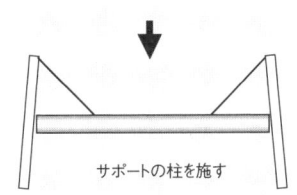

図2　吊ることによる補強

2　法隆寺五重塔を考える

　長きにわたって残ってきた建築物も「強い」構造物といえます。日本でもっとも広く知られている歴史的建築物の代表として法隆寺があります。西伽藍は世界最古の木造建築物群で、建立は600年ごろといわれ、そうであれば、1400年以上の歴史を有することになります。1993年に世界遺産にも登録されました。そのなかでもタワー状の五重塔は、どうして現存できたのでしょうか。

　強い建築物というイメージは、

* 硬い（スチール、コンクリート）
* 柔らかい（木、アルミ）
* 複雑（トラスみたいなもの？）
* 単純（門型フレームみたいなもの？）
* 細い（薄い）
* 太い（厚い）

（カッコの中の例はあくまでイメージしそうなワードです）
といったキーワードからは、「硬くて複雑で太いもの」であると「強そう」、と判断されないでしょうか。板を想像してみても間違いなくそういえそうです。しかし、形を工夫することによって、薄くても、単純でも、場合によっては柔らかくても、強い構造物にできる場合があります。どのような形式の建築物があるのかは、第Ⅰ部の後半部分を読んでもらうと、わかると思います。貝殻のようなシェル構造は薄くても、むくり（凸面）があることによってすばらしく強靭な構造物と化します。卵の殻をイメージすることが、シェルを理解する第一歩となります。生命の源である卵は強い殻で覆われている、それは生物学的にいっても自然なものだと考えられます。構造物もしかりです。人々の生命・財産を「守る」ことが望まれていることは周知の通りです。

　さて、五重塔の話に戻りましょう。現存している要因を挙げてみます。

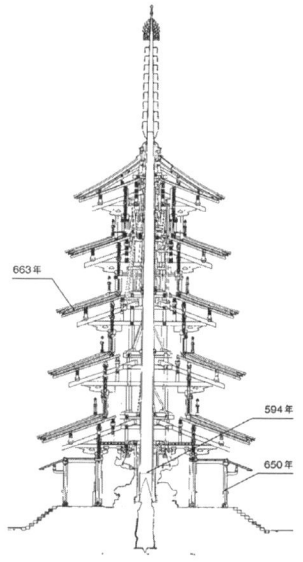

図3　法隆寺五重塔

* ヒノキ:木材のなかでも耐性に優れたものとして知られている
* 心柱:塔の中央にある太い柱のこと（図3）。背骨のような役割を担っている
* 制振構造:心柱は普段我々が立っている状態を保つために必要な背骨と同じ程度の役割だけであり、地震や風などの揺れから五重塔を守ったのは、各層の屋根部分がやじろべえ（シーソーともいえる）型の制振構造の役割を果たしていたからとも考えられている

言い換えると、次の2点に集約されます。

* 長く性能を保てる材料
* 適度な硬さと柔らかさをミックスさせた構造

五重塔はさまざまな研究者によって現在も連綿と研究され続けています。
「強い建築物」はまだまだ探求され続けているのです。

Column — 1
古き建築物を知る
円覚寺舎利殿の構造解析

　円覚寺は神奈川県鎌倉市に1282年、臨済宗の寺として建立されました。舎利殿は円覚寺開山塔頭の正続院に1563年、尼寺太平寺の仏殿が移設されたものです。舎利殿は仏舎利（仏陀の遺骨）を安置するための建物で、神奈川県下では唯一の国宝建築物でもあります。

　外観からは2階建てに見えますが、内部を見れば、1層の建物であることがわかります。このように、建物の周囲を巡るもう1層分の軒を裳階といいます。円覚寺舎利殿の場合、一重加わっていることから、一重裳階と呼ばれます。また、わが国最古の禅宗様建築物であり、スレンダーな柱、図5に見られるような複雑な組物、先に挙げた裳階などの特徴を有します。

　円覚寺は1703年の大地震によって、多くの建物が崩壊の憂き目に遭いました。そして、江戸時代以降に復興されることになります。近くは、関東大地震によっても舎利殿は倒壊しており、1929年に復元されて現在に至ります。

図4　円覚寺舎利殿

図5　内部の複雑な組物

このように、地震によって何度となく被害を受けている歴史も有していることから、適切な地震対策を講じるために、筆者の研究室で図6のようなシミュレーションモデルを作成し、力の伝わり方などを検討しています。
「円覚寺舎利殿施工図」からパーツの大きさを読みとり、三次元骨組構造として再構築したものです。これを基にして、力が作用した場合の変形や、ストレスがかかる部位を分析していきます。この分析に必要なものが第Ⅱ部で展開される「構造力学」という学問体系です。構造力学の習得は、古き建築物の特性を把握し、長所、短所を知るためだけでなく、新たな建築物を創造する上でも不可欠なものになります。
図7は、先の図6と90度視点を変えたものです。自らの重さを支えながら、向かって左から右へ横方向の力が作用したときに、パーツを押したり引いたりする時に力がどこに大きくかかるのかを計算した結果です。右側の2本の柱

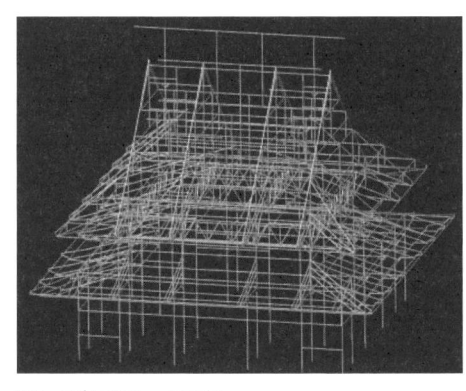

図6　三次元のフレームモデル

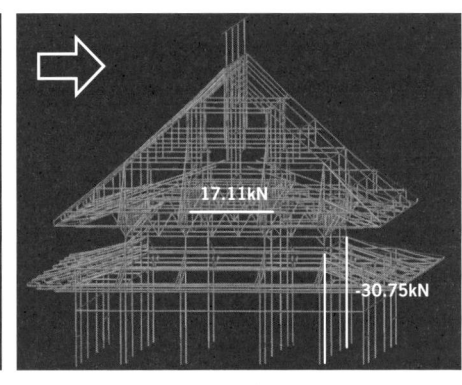

図7　ストレスの大きくなる箇所を分析する

が特に大きな圧縮力を負担していることがよくわかります。実際の舎利殿ではこの2本の柱を含む内部4隅の柱が最も太い部材となっています。

このような構造解析モデルを作成し、さらに保存計画まで立てていこうとすると、実際にどのような知識が必要になったかをまとめてみましょう。

(1)建築図面を読みとる力
平面図、立面図に加え、断面図を正確に捉えて、部材配置を読みとる

(2) CADなどのツールを使う力
読みとった情報をCADで形にして確認する

(3)構造力学
基礎的な力学を把握し、変形や力の伝わり方をある程度常識的に予測する
また各々の断面の曲げにくさ、伸びにくさなどを計算する知識

(4)構造解析手法
どのような手法によってコンピュータが計算するのかを理解し、部材（要素）モデルとして適切なものを選択する

（5）振動学
地震時にどのような挙動を来すのかを予測する

（6）常時微動計測技術
大げさな実験を行うことなく、日常の揺れを観測することで構造物の硬さをある程度正確に把握する

（7）耐震計画
筋違(すじかい)の配置や、接合部、部材を補強する際に、どのような部分にそれらを施せばよいのかを検討

まだまだ多くの知識が必要かもしれませんが、ここで挙げただけでも大学学部を通してすべて身につけることは難しそうです。

Column—2

新しい建築物を調べる

アルミニウムを使ったスペースフレーム
JR金沢駅前「もてなしドーム」

最新技術による骨組空間の例として、JR金沢駅前「もてなしドーム」を紹介しましょう。図8はメイン空間の天井部分です。多くの部材が複雑に配置されていることがわかると思います。最大スパン（柱なしで覆っている空間の幅）が80m、ライズ（最大高さ）が29.5mという規模です。

構造形式としては、複層型（写真から2重になっていることがわかるでしょうか）のトラス（三角形をなすように骨組を構成していく構造形式と考えてください。p.27参照）を用いて、骨組の持つ華奢なところをカバーしています。もちろん、単層型のトラスのみを用いる場合もあります。前者が安全性に優れ、細い部材が使われるのに対して、後者は安全性をていねいに検討して設計する必要があり、複層に比べ太い骨になりますが、いろいろな形をつくりやすく、構造物全体では軽量になるといわれています。「もてなしドーム」は複層ながら、外観形状にもひと味加わっています。このように建築家が発想した形状をそのまま活かせるようにバックアップすることも構造力学があればこそで、その役割が重要であることを認識しておいてください。

写真からわかるように、強化ガラスによってフレームが覆われています。その数は3,000枚を超え、外観との断絶感を解消して

図8 「もてなしドーム」アルミニウムによる大空間

図9 「もてなしドーム」の全体形状

います。その結果、アルミニウムの光沢とガラス張り越しに見える青空とのコントラストが印象に残る建築物となっています。また、そのガラスは、小型のロボットによって清掃されるという点でも、現代の技術なくしては成り立たない建築物です。

新しい建築物を調べること、あるいは漠然とでも眺めてみることで、形の創造、使い勝手、構造、設備と、建築が多様な学問をベースに成り立っていることが垣間見られると思います。現代は情報過多ともいわれる時代です。ウェブサイトでも建築物に関する情報は随分と転がっているはずです。情報コレクターになってみるのもよいでしょう。

建築構造の形態

1 骨組(Frame)

建築物の骨組も人間の骨格と同様であるとまずは考えましょう。各々のパーツに、梁であるとか、柱、筋違などの呼び名があります。各々の説明は次頁以降に譲ります。これらによって、1つの構造体が組みあがり、重さや外乱（風や地震など）に耐えられるようになります。基本的に見た目に強そうな形は、力学で分析してみてもだいたい強いものです。したがって、複雑な骨組（これを不静定次数という値で測ることができます）であればあるほど、強い場合が大半です。

反対に見た目が弱そうであれば、力学的に弱いと評価されることが多いものです。しかしながら、思いのほか華奢に見えるフレームが強いと評価されることもあります。それが構造設計者の腕の見せどころといえます。膜構造はその一例ともいえます。膜構造は「軽い」印象を与えますが、大空間を無柱で覆っています。一見、頼りないと思われたものが、そうではない。これは普段、人との付き合いで実感したことがありませんか。「能ある鷹は爪を隠す」ではないですが、一見ではわからない「隠された」ものによって、そ

図10　膜構造の例(山口「きらら元気ドーム」)

の性能が裏付けられるとわかったとき、「驚き」と「発見」があります。これを「冒険」と称することはいいすぎではないと思っています。

2　柱 (Column)

前頁で、人間の骨格の話をしました。私たちがこの地球の大地に立つとき、足の骨は重力によって生じる上体の重量を支えています。このとき、足の骨は主に圧縮力を負担しています。圧縮力とは、物体を押して短くなる方向に作用する力です。建築物では、上の階の床や梁、屋根を支えるには柱が必要です。柱とは、棒状の部材を基本的には縦（鉛直）に使って荷重を支える役目をもつものです。例えば、自然の竹を見てみると、空に近い上の部分と比べ、根元の部分は太くなっていることに気づきます。これは、上部の荷重を支えるため、自然とこのような形状になっているのです。図13の模型は、2階建の建物を支える4本の柱の下半分を簡易な台計りと置き換え、どのくらいの荷重がかかっているか調べるものです。複数階ある建物を柱によって支えようとすると、下階の柱は上階の柱に比べて大きな鉛直荷重を負担することになるため、より高い強度が必要になることがわかります。

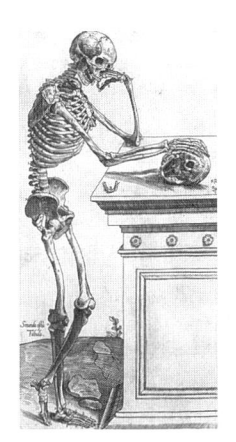

図11　人間の骨

図12　竹

図13　柱が支える鉛直荷重。2階の柱より1階の柱の台計りの針が指す目盛りは大きくなります

図14　メスキータ。スペインのアンダルシア州コルドバのメスキータの内部では850本もの円柱がアーチを支えています

図15　サグラダ・ファミリア外観

図16　サグラダ・ファミリア内部

　図16は、スペイン・バルセロナに建設中のサグラダ・ファミリアの内部です。柱の材料に石、そして現在は鉄筋コンクリートを用いて、高い天井を実現するために下から上にいくにつれて細く、また途中で枝分かれした柱によって支えています。
　また、建築物は、ときとして重力以外の地震や台風、偶発的なガス爆発や飛行機の衝突などの外乱にさらされることがあります。2001年のニューヨークWTCの崩壊も記憶に新しいところです。図17は、1968年のロンドンの建築物に生じたガス爆発に起因した連鎖崩壊の様子です。屋根（上階）を支える柱が崩壊することは、最悪の場合、人命の喪失につながってしまうことがあります。そのため外乱に対し、柱をはじめとする建築物を支える部材の損傷

図17　ローナンポイント。1968年5月16日、24階建て集合住宅の18階の部屋でガス爆発が起こったところ、荷重を支える壁が損なわれ、上階の支えが不十分となり崩れ、その衝撃で下階も連鎖崩壊を生じ、建物の一角が上から下まで完全に破壊された

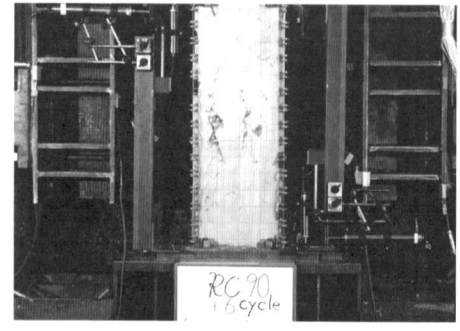

図18　鉄筋コンクリート柱の加力実験終了時外観。地震を想定した水平力をほぼ同等の変形となるように入力した後の、右は横方向のプレストレスを与えた柱、左は与えなかった柱の外観。柱に発生する斜めのひび割れを、プレストレスにより小さく迎えることができる

を少なくし、性能を確保するため、さまざまな研究が実施されています。

図18は、筆者らが試みた研究の一部ですが、鉄筋コンクリートの柱の横方向に輪ゴムで締め付けるようにあらかじめ力を与えた柱と、与えていない通常の柱に対して、地震を想定した水平方向の力を加えた実験より得られた外観の様子です。横方向の圧縮は、地震により発生する斜めのひび割れを抑制する効果があります。意図してあらかじめ与える力を「プレストレス」と呼ぶことがあります。

3　梁 (Beam)

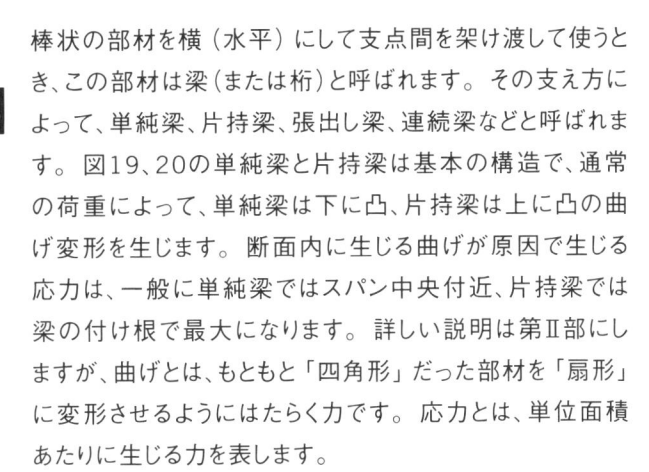

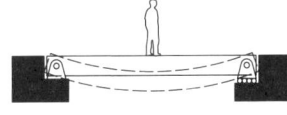

棒状の部材を横（水平）にして支点間を架け渡して使うとき、この部材は梁（または桁）と呼ばれます。その支え方によって、単純梁、片持梁、張出し梁、連続梁などと呼ばれます。図19、20の単純梁と片持梁は基本の構造で、通常の荷重によって、単純梁は下に凸、片持梁は上に凸の曲げ変形を生じます。断面内に生じる曲げが原因で生じる応力は、一般に単純梁ではスパン中央付近、片持梁では梁の付け根で最大になります。詳しい説明は第Ⅱ部にしますが、曲げとは、もともと「四角形」だった部材を「扇形」に変形させるようにはたらく力です。応力とは、単位面積あたりに生じる力を表します。

図19　単純梁

図20　片持梁

張出し梁の張出し側の支点は、片持梁の付け根にあたり、この位置には大きな曲げ変形が生じます。連続梁では、支点上では上に凸、スパン中央付近では、下に凸の変形となり、同じスパンをもつ単純梁に比べて逆向きの曲率の曲げ変形が交互に生じるので、全体として曲げ応力もたわみも小さくすみます。連続梁には、このような利点がありますが、支点が何らかの原因で不均一な沈下を生じると、これにつられて梁も変形し、大きな曲げ応力を生じる場合があります。ゲルバー梁は、連続梁の長所を活かしながら、

このような欠点をなくす架け方です。

連続梁の変形を見ると、曲率の向きが交互に変化し、逆向きに変わる位置（反曲点）では、曲率がゼロになります。この点では曲げ応力もゼロですから、ここにピンを設けても、連続梁としての変形の性質は変わりません。ピンの位置を注意して選べば、連続梁はその長所を保ったまま、張出し梁と単純梁の組み合わせに変換できます。これがゲルバー梁で、支点が沈下しても、曲げ変形に追従できるという利点があります。また、ピンの位置が工事上の区切りになり、部材の運搬や架設などの面でも有利で、橋梁や高速道路に用いられています。

曲げ応力は中立面（伸び縮みがゼロの面）からの距離に比例して大きくなりますから、梁をつくるときは中立面から遠い位置に材料を配置すると効率がよくなります。鉄骨梁などのように工場生産部材は、このことを考えて、梁の上縁と下縁に曲げ応力に抵抗する部分（フランジ）を設け、上下フランジを連結する部分（ウェブ）は、主として剪断応力に抵抗するような形につくられています（図21）。鉄筋コンクリートの梁は、圧縮には強いが引張には弱いコンクリートの性質を補うために、コンクリートの中に鉄筋を効率よく配置した梁です。曲げによる引張応力に抵抗するために、梁の長さ方向に配置する鉄筋は主筋と呼ばれます。主筋は、中立面からできるだけ遠い位置に配置します。梁の支点近くには、大きな剪断力が生じます。剪断力とは、菱形の変形を生じるように物体にはたらく力です。これに抵抗するために、あばら筋を配筋します。鉄筋コンクリートの梁では、曲げによる引張応力のためにひび割れが生じることが多くなります。また、剪断力が非常に大きいと剪断ひび割れが生じる場合があります。この菱形の、伸びる側の対角線方向によって、コンクリートが切断し、斜めひび割れが生じます。

現代の橋は、鋼製、プレストレストコンクリート製のものが多くなっています。コンクリートの引張に弱い性質を解消

図21　H形鋼の外観

図22　プレストレスを利用した屋根

するのがプレストレストコンクリートです。これは、コンクリート梁の中に、高張力鋼の緊張材を貫通させておいて、これを大きな力で引っ張ることによって、コンクリートの長さ方向に大きな圧縮応力（プレストレス）を生じさせます。この状態でこの梁に曲げを与えても、この曲げによる引張応力の大きさがプレストレス以下であれば、梁には曲げひび割れが発生しません。このようにプレストレストコンクリート梁は、鉄筋コンクリート梁よりも断面の効率がよいだけでなく、品質の経時低下もなく、橋や大スパンの建築物の梁などに用いられます。

4　門形フレーム (Portal Frame)

一般に骨組は、柱（垂直材）や梁（横架材）のような棒状の部材とこれらを接合する交点（節点）から構成されています。梁を柱で支えることによって、ひとつの架構、門形のフレームができます。この架構は、地球のいたる所で、古くから用いられてきました。古代エジプト、ギリシア、ローマの神殿でも、石造による門形フレームの架構で数多くつくられました。

図23　パルテノン神殿

図24　ディアナ神殿。ポルトガルのディアナ神殿は、2〜3世紀にかけてつくられた神殿です。円柱の土台と柱頭にはエストレモス産の大理石が、柱には御影石（花崗岩）が使われています

東洋では、古くから木造の建造物が多く、その構造は梁と柱からなります。中国や日本の社寺建築では、柱と梁の接合部に斗栱（図5）を用いる特殊な工夫が施され、構造

3章　建築構造の形態　**025**

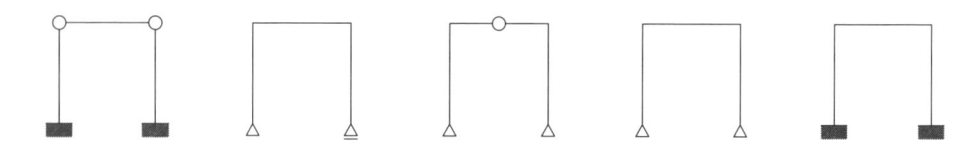

の形態に東洋の建築を特徴づける大きな要素になっています。

近年は節点を動かないように剛に接合された門形フレームが最も一般的です。剛接された構造、ラーメン構造は梁柱構造の一種ですが、梁が柱によって単純に支えられているのではなく、両者がその節点で互いに剛接されている点に特徴があります。完全な剛接は、鉄骨構造や鉄筋コンクリート構造の出現によって、初めて可能となりました。

本格的なラーメン構造が初めて出現したのは19世紀末になってからです。この構造は、欧米でそれまで建物を支えるのに不可欠と信じられていた壁を構造の役割から解放し、カーテンウォール構造を可能にしました。そして、19世紀末から20世紀初頭のアメリカに、摩天楼時代をもたらしました。現在、世界中に見られる「ビル建築」は、超高層ビルを含めて、そのほとんどがラーメン構造です。

よってラーメン骨組の構造設計では柱の損傷による層の崩壊を防ぐために、これ以上大きな荷重を負担できなくなる終局時に、柱に対して梁が先に降伏するように設計されます。その際、終局時に骨組が安定して水平荷重に耐えるためには節点（接合部）が破断しないことが条件となります。

例えば、鉄筋コンクリート構造では、梁を補強するための鉄筋と、柱を補強するための鉄筋とが接合部に集中するため、まだ固まらない状態のコンクリートの充填が難しくなります。丈夫な柱、梁とともに、十分な強度を持つ接合部をつくるためには、そのつくり方にも配慮が必要となります。

図25　門形フレームのいろいろ

図26　ユニテ・ダビタシオン

図27　ユニテ・ダビタシオン（ピロティ部）。1階の柱に注目すると柱頭から柱脚にかけて細くなっています

図28　地震時に破壊した柱梁接合部

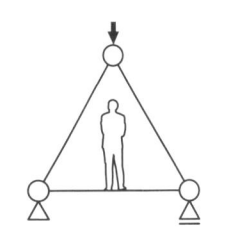

図29　トラスの基本形

図30　東京タワー（1958）

図31　長崎製鉄所の屋根トラス（1860）

5　トラス (Truss)

トラスは、部材と部材を回転の自由な滑節点（ピン節点）によって結合して、荷重や外力に抵抗させる骨組をいいます。一般的には、3個の部材を回転が自由なピン節点で結合すると、安定した構面が得られます。この三角形を基本として、梁状、ラーメン状、アーチ状に組み合わせた構造が用いられます。トラスは、荷重や外力を受けると、各部材内部に軸方向の力、すなわち圧縮力あるいは引張力のみが生じます。

普通、棒状のものを壊そうとするとき、これを引っ張ったり押したりせずに、曲げて折ろうとします。棒は曲げに弱く、引張や圧縮に強いことはよく知られています。梁は便利な構造部材ですが、曲げを受ける棒にほかなりません。同じ棒を使うにしても、これを何本か組み合わせて曲げの代わりに圧縮や引張が生じるようにすると、もっと強い構造ができるのではないでしょうか。このような発想から生まれる構造が「トラス」です。「トラス」は、大きな空間をつくるのに適しています。用途は、主に小屋組（屋根の骨組）として使われてきました。図31は1860年当時建設中の長崎製鉄所の屋根トラス、図32は横浜赤レンガ倉庫の屋根トラスです。図33の富岡製糸場繰糸場の屋根のトラスは、木製の木骨により構成されています。

図32　横浜赤レンガ倉庫

図33　富岡製糸場繰糸場（1872）

三角形トラスはどのような力を受けても、棒か接合部が壊れない限り形は崩れません。三角形トラスは安定であり、これを安定の原理と呼びます。対して四辺形トラスは、ちょっとした力がかかると形が崩れるので不安定ですが、これに斜めの部材を加えて、2個の三角形の組み合わせにすると、安定なトラスになります。加えられた部材は筋違、ブレースと呼ばれます。このように三角形トラスを次々につないでつくった任意の形のトラスは、安定なトラスです。このようなトラスが梁として便利な形であれば、それを支点で支え梁トラスができ上がります。平行弦トラスは、上部の水平材（上弦材）、下部の水平材（下弦材）と、ウェブ材（上下弦材以外の部材）により構成されます。

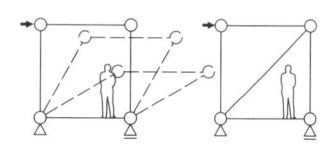

図34　筋違の挿入

6　アーチ (Arch)

部材を曲線状に折り曲げてできる骨組をアーチ構造といいます。アーチは、荷重を受けると、部材内部には軸方向の力と曲げの組み合わせが生じ、これらを支点に伝える構造で、軸方向力に比べ、曲げの量は小さくなります。アーチは石やコンクリートのように引張強さの低い材料でもつくることができます。反転させた懸垂曲線でない限りアーチは、圧縮力のみでは成立しません。

また、支点ではスラスト（水平反力、推力）が生じ、これはライズ（アーチの高さ）が大きくなれば、小さくなります。アーチの設計では、このスラストの処理が重要になります。

アーチは、曲面状または山形状の部材から構成され、古くから教会建築や橋に多く用いられてきました。

約四千年前のギザのピラミッド群のなかで発見された石造のアーチ式天井が人類最古のものと考えられています。日本における石造アーチの歴史はヨーロッパと比べると新しく、地域も限られています。日本へのアーチ技術の導入は19世紀初頭と考えられ、長崎に伝わった石造アーチの技術は、大分・鹿児島・熊本に広がり、本州にも

図35　体育館筋違の座屈。等辺山形鋼による筋違が地震により圧縮力を負担した際に座屈現象を生じた例です。筋違は引張、圧縮を受けますが、圧縮を受ける細く長い材の断面の形状については、座屈を考慮する必要があります

図36　錦帯橋。錦川に架かる木造アーチ橋。橋は5連の太鼓橋でできており、このうちアーチ橋は中央の3スパンで、両端のスパンはそれぞれ5ヵ所で柱によって支えられた梁です

伝えられました。

眼鏡橋は長崎市の中島川に架かる石造二連アーチ橋です。熊本県の美里町にある霊台橋は、1847年に完成したアーチ橋です。形式は単一石造アーチ、橋長90.0m、径間28.4mです。同じく熊本県の山都町（旧・矢部町）にある通潤橋は、1854年に完成した水路橋です。人を渡す橋ではなく、橋の上に石造パイプを3列並べた通水管を通し、水を渡す水路橋です。水路橋としては日本一の規模で、形式は単一石造アーチ、橋長47.5m、径間27.5mです。

アーチ構造は、圧縮力が主としてはたらく原理を用いていますので、非常に薄い中空形状でも構造として成り立ちます。アーチは二次元ですが、これを三次元に展開したものがヴォールトとドームです。ヴォールトはアーチに属する平面に垂直な直線上を移動させた際の軌跡が描く立体、ドームはアーチの対称軸回りにアーチを回転させた際の軌跡が描く立体です。いずれも大きな空間を、組積造で実現するには欠かせない構造です。

アントニオ・ガウディによるコロニア・グエル教会では、屋根を支える構造に懸垂曲線を反転させたアーチを見ることができます。ガウディやハインツ・イスラーは、逆さ吊りを多用した実験を数多く行い、実験により確信を得て建物の構造に利用しました。

図37　長崎眼鏡橋

図38　霊台橋（1847）

図39　通潤橋（1854）

図40　コロニア・グエル教会。重力に対して一番無理のない（構造の）形を検討するための「逆さ吊り」模型

図41　コロニア・グエル教会内部

3章　建築構造の形態 | **029**

7　ドーム (Dome)

ドームは経線方向にはアーチとよく似た方法で荷重を伝えますが、緯線方向にも抵抗力を持っています。

最も原始的なドームは、土を練ってドーム状に固めたもので、場合によって、これに植物の繊維を入れて壊れにくくしたり、火で焼いて丈夫にするなどの工夫が加えられていました。

ミケナイのアトレウスの宝庫は、スパン14.6m、高さ13.4mのドーム屋根を持ち、紀元前14〜13世紀頃のものといわれています。128年に、ローマでパンテオンが建設されました。これは積石造の直径43mのドーム屋根を持っています。放射状に28本、これに交わる同心円状に5本の格子状のリブを持つドームです。

図42　ローマのパンテオン

イスタンブールにあるハギア・ソフィア大聖堂（現アヤソフィア博物館）は、元来キリスト教会堂として537年に完成しました。ドームはレンガ造、下部構造は石造です。内径は東西方向に32.7m、南北方向に32.2mであり、4本の主柱で支えられています。

図43　アヤソフィア博物館

ジオデシック・ドームはバックミンスター・フラーによって考案されたドームです。正三角形に組み合わせた構造材を多数並べることによってドーム構造を形成しています。1967年モントリオール万博のアメリカ館がよく知られています。

大館樹海ドームは、ドームの屋根に樹齢60年以上の秋田杉25,000本を使い、アーチ状にしたもので国内最大の木造建築です。

8　ケーブル (Cable)

ロープなどに、圧縮力や曲げを負担する能力はありません。しかし、これを2個の支点の間に張り渡すと、引張力だけで荷重を支えることができます。電信柱と電信柱の間の

図44　懸垂曲線

図45　イナコスの橋（1994）。石を用いた上部アーチと、下の張力を伝達する下部カテナリにより、両者のスラストを相互に打ち消す構成

図46　横浜ベイブリッジ（1989）

図47　国立代々木競技場

鋼製ケーブルは、自重によって垂れ下った曲線を描いていることに気がつきますが、この曲線をカテナリ（懸垂曲線）と呼んでいます。

カテナリには引張力しか生じません。これを高張力鋼のケーブルでつくると、大スパン構造が可能になります。カテナリはアーチとは逆の形となって、その支点にスラストが生じます。スラストを処理する方法としては、ポストを斜めにして、ポストの重量によるモーメントとスラストによるモーメントを釣り合わせるか、その他に、スラストをワイヤによる引張力に変えたり、図45のイナコスの橋のように巧妙にスラストを受けるアーチを設けたりする方法があります。

サスペンションケーブルは引張応力のみを負担します。ケーブルの自重だけなら、その形状はカテナリとなります。構造要素のうち、引張力だけを伝え、曲げや圧縮に抵抗しない部材をケーブルといいます。ケーブルの材料には、炭素鋼・高強度鋼・ステンレス・ポリエステル・アラミド繊維などが使われます。

ケーブル構造の比較的新しい形式の橋に斜張橋があります。これは、塔頂から斜めに張ったステイだけでデッキを支えようとする方式の橋です。斜張橋は定着（アンカレイジ）を必要とせず、吊り橋は定着を必要とします。

横浜ベイブリッジは、1989年に完成した斜張橋で、中央支間長460mです。明石海峡大橋は、明石海峡を横断して架けられた最大支点間長さ1,991m、全長3,911mの世界最長の吊り橋です。国立代々木競技場は、ケーブルの両端にアンカレイジを有しています（図47）。フライ・オットーによるミュンヘン・オリンピック競技場はケーブルと膜を組み合わせることにより、軽量構造を実現しています（図48）。アルヴァロ・シザによるEXPO'98リスボン万博ポルトガル館は、1998年に完成したポルトガルのリスボンに建つ建物です（図49）。スパン70m、厚さ200mmのコンクリートの吊り屋根を、ポストテンションをかけられたステンレスロッドで支えています。

図48　ミュンヘン・オリンピック競技場(1972)

図49　リスボン万博ポルトガル館(1998)

大空間を覆う雨風をしのぐための屋根として、ケーブルを用いた構造を採用するとき、熱応力の存在を忘れるわけにはいきません。一般に温度が上昇すると物体は膨張し、温度が下がると物体は収縮します。屋根の上から降り注ぐ日照によって、屋根材に伸び縮みが生じたとしても、隙間を生じることなく確実に防水を行う方法が併せて必要となります。

9　シェル(Shell)

シェル構造は、薄い曲面板からなる構造です。1980年代に映画化された漫画「風の谷のナウシカ」に登場する巨大な王蟲の目を、人間は乗り物のキャノピー（操縦席を覆う風防）に利用したりしていますが、あれも薄く軽い一種のシェル構造といえるでしょう。シェル構造は、直線または曲線の移動や回転、それらの組み合わせによって多様に構成されます。

シェル構造の形状には、円筒、球面、折板、双曲放物面などさまざまなものがあります。適切に力を伝え流す設計を行えば、柱の少ない大スパン架構が実現でき、材料を節約し、結果として軽い構造を実現できます。薄い材料であっても、加えられた荷重を圧縮軸力に変換する形態をとることで強度を持てるということは、自然界においてもニワトリ

図50　貝殻

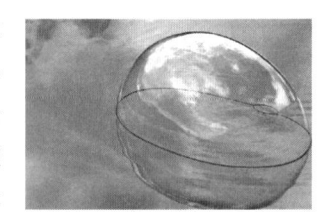

図51　シャボン玉

図52　ジョン・F.ケネディ国際空港第5ターミナル(1962)

図53　シドニーオペラハウス(1973)

図56　One shell plaza

図57　Two shell plaza

の卵や貝類の殻などの例が見られます。しかしこのような構造も、その薄さゆえ曲げには弱く、集中荷重を加えれば(卵を突起物で容易に割ることができるように)崩壊する危険性は高くなります。

懸垂曲面を逆転させることにより得られる逆転懸垂曲面を用いたシェルは、自重下でほとんど曲げを生じず合理的です。スイスのハインツ・イスラーは吊り下げ形状を逆転させる原理を用いて、RC逆転懸垂型シェルを多数建設しています。

平らな画用紙を離れた台の上に架け渡すと、紙は自らの重みでたわみます。架け渡す方向に画用紙を折り曲げると、ある程度の重さを支えることができます。このような屏風や折り紙の強さを利用してつくられる構造は折板構造とも呼ばれます。平面板で構成されたシェルのひとつとして考えられます。折板構造は主に屋根に用いられますが、柱、壁にも使って立体折板とすることもあります。

図54は、壁、および屋根材を波打つ板により構成されたアントニオ・ガウディによる復元・移築されたサグラダ・ファミリア付属小学校、図55は、屋根、壁に折板構造を用いたアントニン・レーモンドの群馬音楽センターです。

高層建築物においても、例えばヒューストンのOne shell plaza、Two shell plaza は、壁面を波形とし、下階にいくほど柱を太くし合理的な形状を示しています。

図54　サグラダ・ファミリア付属小学校

図55　群馬音楽センター(1961)

3章　建築構造の形態

10 スペースフレーム (Space Frame)

スペースフレームは、三角形ユニットから構成された1層または2層の曲面または平面状の骨組で、スポーツ施設やイベントホールなどの無柱の大空間を要する屋根によく用いられています（図58）。

棒状の部材を立体的に結合することによって構成されます。図58は地組み中の大阪万博お祭り広場のスペースフレームです。部材と部材を結合する役割を持つジョイントはスペースフレームの重要な部品です。

図60は幕張メッセ国際展示場の屋根です。図61のポルトガルのアラメダ駅の屋根は、円形鋼管の両端をぺしゃんこに潰し、これを相互に接合しています。

複雑な曲面を構成できる機械式（ねじなどによる）接合のボールジョイントや、節点の形に合わせてパイプを切り出す技術が発達してきています。

スペースフレームの構造形式のひとつに単層ラチスドームがあります。部材を単層で曲面上に網目状に配列、構成したもので、剛性が高く軽量です。

図58 地組み中のスペースフレーム

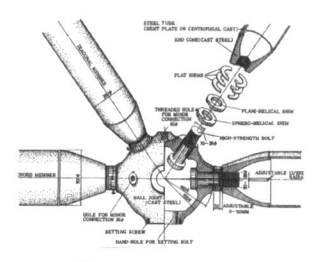

図59 鋳鋼によるメカニカル・ジョイント

図60 幕張メッセ国際展示場棟（1989）

図61 アラメダ駅

11 材料 (Material)

日本のような森林資源が豊富な地域では、木材が建築材料として選ばれ、軸組造が発達しました。森林資源に恵まれない地方では、石やレンガが多く用いられ、組積造が発達しました。これらが建築構造の材料の主力でした。構造は手に入る材料の特性、生活形態、気候・風土によって、多様に発展していきました。また、新しい材料が開発されることにより、それまでには実現できなかった構造が可能となってきました。

11.1 木 (Wood)

木材は、軽量な割に強度が高い天然の材料です。年数

を経ると、収縮、割れ、たわみなどの変化を生じ、これらはときに欠点とされます。また、あまり大きな断面がとれないので、3階以下の戸建住宅や小規模な建築物に多く利用されています。

木は古くは丸太のまま使われました。丸太を横に使う場合は丸太小屋、今でいうログハウスです。日本でも古代の社は丸太のままであったと考えられています。後世になり、鋸が使えるようになり、製材工場で木材を角材、板材などに製材できるようになると、骨組のつくり方にいろいろな方法が生まれました。しかし、釘や金物が大量生産できるようになる19世紀の後半までは、釘などをあまり使わない骨組の構成方法がほとんどでした。

法隆寺金堂は、現存する世界最古の木造建築です。その建築手法は、法隆寺様式と呼ばれ、後の寺院建築とは異なる特徴をもっています。法隆寺様式で有名なのは、柱につけられた胴張り（エンタシス）ですが、軒の組み方も他の様式とは異なっています。

近年、日本でも多く見られるようになったものに、2×4工法（ツーバイフォー、枠組壁工法）があります。2×4工法は、アメリカの西部開拓時代の末期に自然発生した工法といわれています。この工法ができた背景には、地域での製材が可能なこと、釘の量産ができたことがあります。当初、一種類の断面の材（2×4インチの断面の材）を用い、釘のみで接合して住宅をつくりました。その後、いくつかの断面と合板を使用する現在の2×4工法に変わりました。

11.2　石・レンガ (Stone, Brick)

石は圧縮に強く、引っ張りには弱い天然の材料です。レンガは焼粘土からつくられる石に似た性質を持つ人工の材料です。石やレンガ、コンクリートブロックを積み重ねてつくる構造を組積構造と呼びます。現在も建設中のサグラダファミリアでは、使用されている石材の圧縮強度などについて紹介がなされています。

図62　法隆寺金堂(左)と五重塔(右)

図63　大浦天主堂(日本26聖人殉教者天主堂)。日本最古の木造ゴシック教会

図64　旧英国領事館(1908)

木材が手に入りにくい地域で、石、レンガによって屋根をつくるために用いられたのは、アーチ、ヴォールト、ドームなどの構造でした。
レンガ・コンクリートブロックは「積んだだけ」では構造上弱く、地震が発生する地域では水平方向の外力を受けて崩壊する危険性があります。実際に関東大震災ではレンガ造の建築物はほとんど倒壊し、多くの被害が出ました。

図65　旧三菱合資会社三菱造船所鋳物工場木型場

11.3　鉄鋼 (Steel)

圧縮にも引張にも強い材料です。鋼材でつくられたH形、箱形および円形などの断面をもつ鉄骨部材を、ボルトや溶接を用いて接合し、骨組が形成されます。優れたねばりをもち、超高層建築物や大空間を覆う骨組をつくるのに適しています。

鉄鋼は剛接合、ピン接合ともに可能です。建設現場ではボルト接合されることが多く、溶接接合は主要な構造の部位ではあまり行われません。接合は図66のように駅の屋根に多く見ることができます。

一般に熱に弱く、摂氏500度くらいで強度が半減し変形しはじめます。年数を経ると、発錆に注意する必要があります。表面の錆が保護膜となり内部まで腐食しない耐候性鋼材、コールテン鋼と呼ばれるものもあります。

今日では耐震補強にも使われており、街を歩いていると柱に鋼板を巻いて補強されている様子など、目に止まることもあるかもしれません。

図67は、プレストレストコンクリートに用いるPC鋼材と普通鋼材の応力度―ひずみ度関係の例を示しています。

図66　駅の屋根

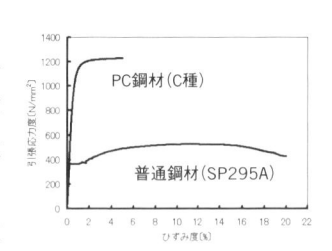

図67　鋼材の応力度―ひずみ度関係の例

11.4　コンクリート (Concrete)

コンクリートは、圧縮には強いものの引っ張りには極端に弱く、引張強さは圧縮強さの10分の1ほどしかありません。そのためにコンクリート単独で使用されることは少なく、多くは弱点を補い合うために鉄筋と併用されます。

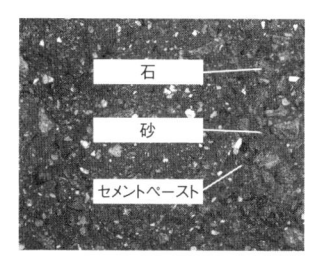

図68　コンクリートの表面(骨材洗出し仕上げ)

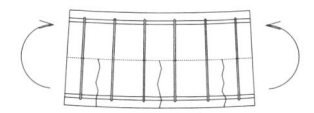

図69　鉄筋コンクリートの原理

図70　三井物産横浜支店1号館(1911)。現存する日本最古の鉄筋コンクリート造建物

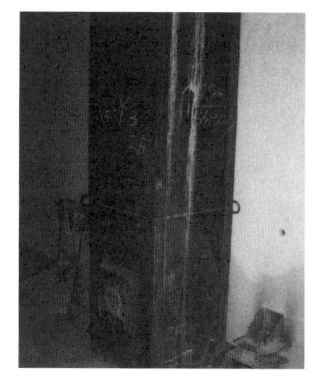

図71　コンクリート充填鋼管(CFT)

鉄筋コンクリート（RC）構造は、木構造、鋼構造などと並び、代表的な建築構造のひとつです。明治維新後、海外から導入されたレンガ造などが明治の大地震や関東大震災で大被害を受けたのに対し、鉄筋コンクリート造は小さな被害にとどまり、日本における建築の主要な構造としての地位を得ました。鉄筋コンクリート構造は、コンクリートと鉄筋から構成され、引張強度の小さなコンクリートを引張強度の大きい鉄筋によって補強した複合構造です。最近は高強度コンクリートと高強度鉄筋が開発され、また剛接合が容易にでき、経済的な面から、40階以上の建築物も鉄筋コンクリート造によって建設することが可能となりました。

鉄骨鉄筋コンクリート（SRC）造は、鉄骨材の圧縮特性の弱点を補うために、鉄筋コンクリートと複合材料として形成することによって高層建築物をつくる際に広く用いられてきましたが、コスト高になります。また、最近では高強度の材料を用いた鉄筋コンクリート造と鉄骨造の混合構造が現れたため、適用例が少なくなっている傾向が見られます。

コンクリート充填鋼管（CFT）構造は、箱形や円形の鋼管の中にコンクリートを充填し、鋼管の圧縮特性の弱点をコンクリートで補った、優れた靭性を有する新しい複合構造です。近年、高層建築物における柱の構造材料として利用されています。

11.5　膜 (Membrane)

古くは遊牧民のテント、サーカスのテント、軍隊の野営用テントなどとして使用されていました。当時は、動物の皮革、羊毛、植物の亜麻、綿などが主でした。

現在はガラス繊維、ポリエステル繊維、テフロン膜などを中心にさまざまな種類が使われています。膜は軽量で、例えば東京ドームの屋根の重量は12.5kg/m²です。膜の構造を維持するために求められる主な性能は、引張強度で

す。ただし、これらの材料は単独では紫外線曝露などにより劣化が生じます。長く使われる建築物には、特に耐候性を重視して合成樹脂（ポリ塩化ビニル樹脂、4フッ化エチレン樹脂など）で繊維をコーティングしたコーテッドファブリックを用います。

その他の性能として防水性・耐火性などが要求されるほか、透光性の材料を用いる場合は、紫外線のカットなどを考慮する必要もあります。空気膜構造では特に、構造上、気密性が重要となります。

膜を用いふくらませた風船は、その上に鉄筋コンクリートのシェルを打設するための型枠のように使うこともできます。コンクリートが硬化した後に空気を抜き、このようにしてつくられるシェルはビニシェルと呼ばれます。

図72　富士グループパビリオン（1970）

図73　東京ドーム（1988）

11.6　FRP（Fiber Reinforced Plastic）

ガラス、炭素、アラミドなどの繊維で軽量なプラスチックを補強したものを繊維補強プラスチック（FRP）と呼びます（図74はアラミド繊維）。鋼材などで補強を行うよりも軽く、さまざまな形に成形できるため、軽量化、施工のしやすさを実現するために使用範囲が増えてきています。

図74　アラミド繊維

11.7　アルミ（Aluminum）

アルミニウム合金は、軽量かつ、加工性、耐食性に優れた金属材料で、建築材料としては、これまで、表面の美観などの長所を活かして、サッシ、カーテンウォールなどに多く用いられてきました。図76 はアルミの応力度―ひずみ度関係の一例です。

図75　アルミ引張試験（インストロン型試験機）

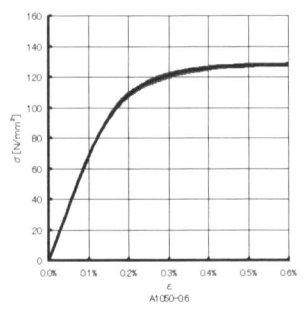

図76　アルミの応力度―ひずみ度関係の一例

図77 風の丘葬祭場。コンクリートの壁に固定された片持梁形式の階段

図78 ジャッキを用いた鉄骨造柱脚の固定。圧力を制御してボルトをあらかじめ引っ張り、ナットで定着することにより固定しています

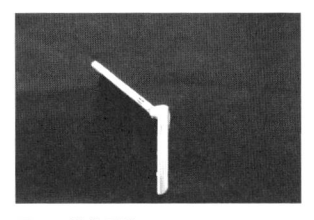

図79 携帯電話

図80 熊本県総合運動公園KKWING。写真中央よりやや左下に、回転自由なピンを見つけることができます

12 支持 (Support)

構造物に外部から能動的に加わる力は荷重と呼ばれ、それらの荷重を支えようとして、構造物に受動的にはたらく力は反力と呼ばれ、区別されます。この反力が作用する部分は、構造物全体から見れば狭い領域に限られる場合が多いので、支点（あるいは支持点）と呼ばれます。詳しくは第Ⅱ部を見てください。

12.1 固定 (Fix)

移動も回転も拘束されます。すなわち反力としては直交2方向の力と支点回りのモーメントが考えられます。図77は片持梁形式の階段、図78は鉄骨柱の脚部を固定している状況です。

12.2 ピン (Pin)

―― 回転自由

移動が拘束されます。すなわち任意の直交2方向に反力が生じる支点で、支点回りの回転のみが自由となります。

12.3 ローラー (Roller)

―― 回転自由、一方向移動自由

ひとつの方向のみに反力が考えられる支点で、それと直交方向の移動および支点回りの回転は自由です。

図81は橋に見られるピンローラー支持です。

梁1本を両端ピンで支える条件と、一端をピン、他端をピンローラーで支える条件を比べてみます。太陽の日照による温度の上昇・下降を考えると、両端ピンでつくられた構造物は、高温では伸びようとするのに抑えられるので圧縮力が、低温では縮もうとするのに抑えられるので引張力が内部に発生します。部材内部に生じる力を内部応力と呼びます。コンクリートの壁など、熱によって引張力が生じる

3章 建築構造の形態 | 039

箇所にひび割れが発生することもあります。
対して、一端ピン、他端ピンローラーの構造物は伸びようとするときには伸び、縮もうとするときには縮むことができるので、このような内部応力は生じません。この梁を静定梁、単純梁と呼ぶこともあります。

12.4 　弾性支持(Elastic Foundation)

支点の変位や回転が支点反力に比例して生じるような支持方法です。皆さんは眠るとき枕を使われるでしょうか？頭を支える箇所に着目すると、ある程度柔らかい枕であれば、頭の形状に合わせて変形しながら重量を支えてくれるでしょう。支える対象物に応じて形を変えながら支える支持方法です。わかりやすいところでは電車の線路を支えたり、建物の基礎を支える地盤が、このような支え方と分類できます。

図81　橋にみられるピンローラー支持

13 　接合(Joint)

13.1 　剛接合とピン接合(Rigid Joint and Pin Joint)
――固定と回転自由

建築物の骨組で、一般に柱や梁の構成部材が互いに接合された仕口部をモデル化したものが節点です。節点には、部材の間の角度が変化できない剛節点と、部材の間の角度が自在に変化できるピン節点があります。
剛節点は、鉄筋コンクリート造において理想的につくることが可能です。ピン節点は、木造や鉄骨造における部材の接合において用いられています。ピン接合は、2つの棒をしっかりと離れないように、しかし互いに回転はできるように接合することで、ドアの丁番のようなものと考えることができます。2つの棒には引張力か圧縮力のみが伝達されます。実際の構造物では、ほとんどがこれら2つの節点で構成されているといえます。
ピン接合は、折りたたみ傘などにも見ることができます。使

剛接合:1部材を固定すると、他の部材も固定されるもの

ピン接合:1部材を固定すると、他の部材が節点を中心として回転できるもの

図82　接合

図83 トラスの接合部。接合部をピンに理想化することが多いですが、実際の接合はさまざまな形態をとります

うときだけさっと展開する、折りたたみ構造のひとつです。工期（建物をつくる際にかかる期間）を短縮するため、屋根を地上で折りたたんだ状態で製作し、ジャッキなどで持ち上げて屋根を支える、そんな構造が構造エンジニアの提案で可能になることがあります。

13.2　半剛接合 (Semi-rigid Joint)

木構造ではめり込みなどが生じるため、完全な剛接合の実現は難しくなります。半剛接合は剛接合とピン接合の中間として考えられる接合です。半剛接の程度は実験によって確認することができます。ヨーロッパ、アメリカ、カナダなどでは近年半剛接合に関する研究が盛んになり、杭の頭と上部構造の接合部などの設計方法の多様化が進められています。

地震に抵抗する
災害から守る

図84は、神戸市三宮の阪神・淡路大震災による被害の様子です。

電車やバスに乗っているとき、急減速、急停止されると、身体が進行方向に倒れそうになります。急発進されると、逆に身体が取り残されそうになります。このとき、私たちが感じている力は慣性力と呼ばれています。地震により建物が動かされるとき、初速ゼロから増加してある速度に達しますから、加速度が生じていることになります。建物質量と応答加速度の積で、地震による慣性力を表し、構造設計に利用しています。

図84　兵庫県神戸市三宮町(1995年3月)

1　柔らかい構造物・硬い構造物
(Structures of Different Rigidity)

建築物を支える骨組を、大地震に対して耐力壁やブレースを挿入して強く（剛に）つくるべきか、耐力壁やブレースに頼らずにできるだけ建物を柔らかくつくり骨組の変形を大きくしエネルギー吸収能力を高めるようにすべきか、構造設計にあたっての選択肢となります。

前者は強度型、後者は靭性型と呼ばれています。日本ではこの骨組の剛柔論に関して、1923年の関東大震災の後、昭和の初期にかけて学者の間で議論されました。超高層建築の黎明といわれる霞が関ビルが建つ以前は、剛構造論が優勢でしたが、超高層ビルが林立する最近は、柔構造論に傾きつつあるように感じられます。霞が関ビルは、関東大震災の教訓から東京では31mという高さ制限（いわゆる百尺規制）があったため、当初は9階建てのビ

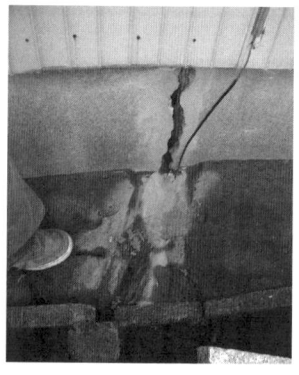

図85　布基礎の破断(新潟県長岡市柿町)

図86　霞が関ビル（1968）

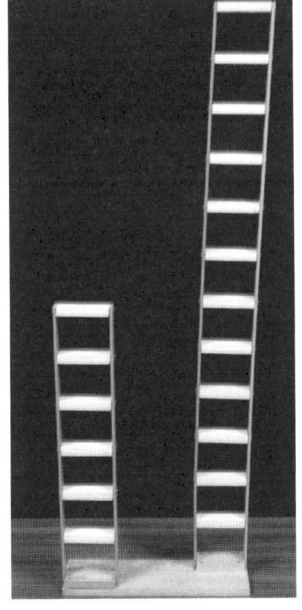

図87　建物の高さと固有周期

ルの計画であったそうですが、1962年8月に建築基準法が改定され、高さ31mの制限が撤廃されたために高層ビルへ計画変更されました（図86）。

図87は、同じ材料でつくられた高さのみ異なる6層と12層の建物の模型です。これら2つの模型は脚部を同じ土台に取り付けています。この土台を手で水平方向に揺すり、その周期（1往復に要する時間）を変化させると、小刻みな短い周期では6層の建物が揺れ、ゆったりとした長い周期では12層の建物が揺れます。建物は、このような高さなどの違いによってそれぞれ異なる、揺れやすい固有の周期を持っています。地盤の揺れの周期と、建物の固有周期が一致するとき、建物は大きく揺れます。このような現象を共振といいます。例えば、ブランコに乗っているとき、その周期に合わせてこいでいく（力を加えていく）とどんどん振れ幅が大きくなります。

地震などで建物が揺れるとき、その重さと硬さから決まる特性に応じて規則的に揺れ動きます。この建物の固有の揺れ間隔を、固有周期といいます。建物が建っている地盤にも固有の周期があります。岩盤のような硬い地盤では短く、埋立地のような軟らかい地盤では長くなります。地震のとき、地盤固有の周期の波が増幅されます。その増幅した周期と建物の周期が一致すると共振を起こし、建物に大きな被害が出ます。逆に一致しなければ、被害を小さくすることができます。

1985年に発生したメキシコ地震（M8.1）では、メキシコ市は周囲を岩盤に囲まれた盆地にレンズ状に堆積した軟弱地盤の上にあるため、震源から400kmも離れているにもかかわらず周期2〜4秒の揺れが2〜3分程度続き、同程度の固有周期を持つ高層建築が多数崩壊しました。原因は、盆地内で地震波が重複反射し、長周期の成分が重なり合って地震動が増幅されたためといわれています。プレート境界で発生するマグニチュードの大きな地震が、大きな堆積平野に入射することで発生するやや長周期の

地震動に対する建物の安全性が問題提起されています。

2 免震・制振

2.1 免震 (Seismic Isolation)

骨組と基礎の間に積層ゴム（ゴムと薄い鋼板を何層にも重ねてつくりあげたアイソレータ）やすべり機構やボールベアリングを組み込んだアイソレータを設置することによって、建築物に伝達される地震力をできる限り低減しようとする免震、換言すれば、「柳に風」と地震からさらりと免れようとする免震構造が注目されています。

この考え方を導入した建築物が、阪神・淡路大震災でも被害を受けなかったことから近年は脚光を浴びています。免震構造とすることで1994年のノースリッジ地震では震央付近においても病院の機能が維持され、1995年の阪神・淡路大震災では上部構造の水平加速度が基礎部での水平加速度の約3分の1程度に低減されたことが観測されています。実際の地震動に対しても効果が確認された免震構造は、日本でも1,000棟以上の建物に採用されています。免震構造は、建物の固有周期の長周期化を行うことで耐震性能を向上する構造形式です。

免震構造には上部構造を安定して支えつつ、水平方向に柔らかく動き、地震後は建物を元の位置に戻そうとする機構、地震入力エネルギーを吸収して揺れを抑える機構の2

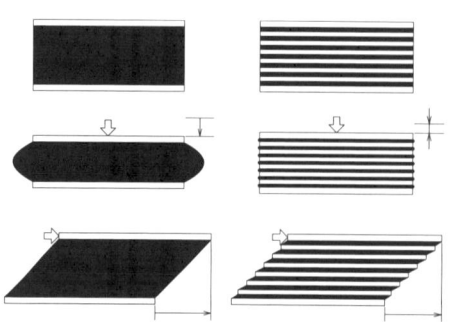

図88　積層ゴムの特徴

図89　免震装置設置状況

つの役割が必要です。前者には積層ゴムアイソレータが用いられ、後者には延性を利用した鋼材や鉛、粘性を利用したオイルダンパーなどが用いられます。

減衰

ブランコをこぐのを止めると、やがて揺れが止まります。このように振動が時間とともに減少していくことを減衰といいます。ブランコがすぐ止まるのは減衰力が大きいからですが、逆に減衰がゼロになると、ブランコはいつまでも揺れ続けることになります。建築物も同様です。減衰と呼ばれる現象には、鉄やコンクリートなどの材料内部の分子間摩擦によって発生するもの、空気・水・オイルなどの中を振動することによって発生するもの、物と物との摩擦によって発生するものなど、さまざまな種類があります。センサーの情報を基に、コンピュータで制御して減衰の程度を変えるセミアクティブ免震が採用されることもあります。

免震レトロフィット

免震レトロフィットとは、既存の建物を活かし、免地震部材を付加することで、地盤からの入力を3分の1から5分の1に減少させ、現在求められる以上の性能のある建物にするリニューアル技術です。

上野の国立西洋美術館本館は、設計はル・コルビュジエにより、彼の下で学んだ前川國男・坂倉準三・吉阪隆正が実施設計・監理に協力し1959年に完成しました。1998年に地下を含めすべてを地盤から絶縁する免震レトロフィット工事を行いました。これは本格的な免震レトロフィット工事としては日本初でした。

図90　国立西洋美術館本館

2007年の新潟県中越沖地震を受けて、日本では原子力発電所への免震構造の採用が決まったことも記憶に新しいところです。

図91　耐震・免震・制振の違い

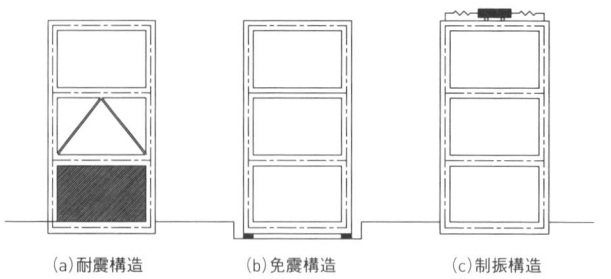

(a)耐震構造　　(b)免震構造　　(c)制振構造

2.2　制振 (Vibration Control)

建物の質量を床に集約し、天地を逆転すると図92のような単振り子として描くことができます。図の左に重りが振れたときにはちょうど逆向きの右側に、右に振れたときには左側に集約質量を引っ張るようにすれば、こいだブランコを静かに止めていくのと同じ要領で、振れ幅を小さくしていくことができます。

超高層建築物において、強風によって生じた大きな揺れにより、建物内の人が船酔いのような症状を起こすことを避け、また地震による建築物の揺れも低減する方法として、建築物の最上階に振り子型や調整マスダンパー（TMD,Tuned Mass Damper）型の装置を設置する制振設計の適用例も最近増えてきました。振り子型は、建物の揺れやすい周期と同調して揺れる振り子を屋上に設置します。図91(C)に示すようにマスダンパー型は、質量を動かすことで建物に入力される地震力を減らす制振機構です。例えば、地震力が入ると、付加質量が建物全体と反対方向に動き、ダンパーが地震時のエネルギーを吸収します。

AMD（Active Mass Damper）の外観は、TMDと似ていますが、建物の揺れをセンサーで感知し、コンピュータで最適な制御力を計算して、駆動装置（アクチュエータ）で可動マス（重り）を動かして建物の揺れを小さくします。

制振構造は、風や地震のエネルギーをいったん骨組のなかに入れてから、エネルギーを制御して骨組の揺れを小さ

図92　単振り子

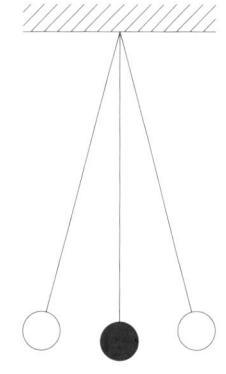

図93　横浜ランドマークタワー(1993)

図94　横浜ランドマークタワーの制振装置

くする構造です。地震などの外乱によって生じるエネルギーを各階や頂部に設置したダンパーで消費して、建物の振動および破損を消去、低減しようとするものです。

高層建物の制振装置として強度は低いものの伸びやすく切れにくい低降伏点の鋼材が1990年代後半から、頻繁に使われるようになっています。このような鋼材系のほかに、粘弾性系、オイルダンパー系など、さまざまな制振装置が使われています。

第Ⅱ部

建築構造力学を学ぶ
Structural Mechanics for Actual Beginners

はじめに

建築を志す人がどうして構造力学を学ばなければならないのか。それは、建築物を設計することができる「建築士」なる資格を取得するために必要とされているからです。力学を学ぶことを資格取得のための手段とすれば、これだけでも先の疑問に対する回答となるのではないでしょうか。しかし、一方で建築物に作用する力と建築物の有する形は密接に関係しています。したがって、力が骨組をどのように流れるのかを理解することで、建築物のあるべき形にたどりつく場合もあります。また、建築物は内部で人が生活したり、活動する場でもあり、人や財産を守る性能も要求されています。容易に壊れてもらっては困ります。壊れないようにするには、建築物のどの部分にどれだけの負担がかかっているのかを知る必要があります。その結果を基に、柱や梁の寸法が決まるわけです。簡単にいうと、それが「構造設計」と呼ばれるものです。そのために「構造力学」というツールが必要になるわけです。後者が最初の疑問のもっともらしい回答であることは理解できるでしょう。

どの部分にどれだけの力が加わっているのか、それを確認するために、「建築構造力学」という建築物に特化した力学の知識がまとめ上げられました。その基本は航空機や橋、自動車など、安全性の確保が必須とされている構造物に対するものと共通しています。したがって、もっと構造力学を深く学びたいという人は、他分野のテキストも眺めてみることをお勧めします。対象物が変わることでどのような表現が使われているのかを知り、理解できれば構造力学を修得したといえるようになると思います。

第Ⅱ部では、そのツールの使い方を主に説明していきます。したがって、難解な例題や法令上の数値などを掲載する「専門書」のようなテキストにはなっていません。これから学びたい、あるいは学んだが理解できなかった人を対象としています。再度その点をご了解ください。

＊ゆっくりとひとつずつ理解しながら読み進めることをお勧めします。活字と図面は逃げませんので、何度眺めてもよいのです。早く理解することがすべてではありません。

建築物にかかる力とは

1　みずからの重さ─自重

皆さんは我々人間も常に力を支えていることを日々実感できているでしょうか。立っている状態で我々の「脚」はそれより上の人体を支えて、重さを地面に伝えています。「自分自身の重さを支える」、これは建築構造物を成り立たせる上でも最も重要な事柄となります。

この建築物を成り立たせている「もの」たちの重さを「自重」と呼びます。この「もの」には、柱や梁や床、屋根という名称が与えられています。各々の呼称や機能については「建築構造」あるいは「建築構法」に関するテキストにその説明を譲るとして、ここではどれくらいの重さが実際に建築物自体の重さとなるのかを考えてみましょう。

まず、単純に人を対象に考えてみましょう。体重60kgの人は、片脚30kgには耐えなければ立っていられないだろうことは想像できます。片脚立ちすることもあるでしょう。とすれば、自身の体重60kgは片脚でも支えられると単純に推論できます。さらに人を背負ったりした経験もほとんどの人が持っていると思います。そうすると、仮に自身の半分の体重の人を背負って片脚立ちできるとなると、片脚にかかる負担は90kg程度。それでも多くの方には余裕があるのではないでしょうか。すると平気で100kg以上の重さに耐えられるのかな、と想像できます。これは力学がわからなくても計算できることです。このような「身近な例題発想」は非常に重要で、計算がわからなくなったときは、このような原点に立ち返ることで疑問が払拭されるケースがよくあります。

建築物でも同じはずです。たとえ、支える形式が脚と同じでなくても、わずかな想像力で補えばよいのです。常識というか当たり前のことに立ち返って重さを捉えれば、理解不能な計算式を答案用紙に書いてしまうことは本来起こらないのです。さて、建築物自体の重さとはどの程度なのでしょうか。ここでは単位容積あたりの重量というものを使って説明してみます。「単位容積あたりの重量」と聞いて既に「わからない」という人もいるでしょう。これはそれほどに難しいものでしょうか。答えはNoです。お店で食肉を購入したことがない、という人には通じないかもしれませんが、100gで200円の肉を200g買うとして、いくらお金を支払えばよいかわからない人はいないですよね。

まったく同じ考え方で「単位容積あたりの重量」を捉えてください。1m³で10kN（およそ1tf）ということなら、10m³ならば、100kN（およそ10tf）ですよね。これだけのことです。これを聞いてもさっぱりだ、という人は可能な限り周りの人と議論してみましょう。何がどうわからないのかを解きほぐすにはその人の考えを十分に知らないとできないことです。それを知ってもらうには可能な限り「話さなければ」なりません。それを講義では「質問」と呼びます。高校、専門学校、大学で学んでいる人は特に質問することにためらいを持たない習慣を身につけていきましょう。

皆さんがよく知っている鉄筋コンクリートの場合、この単位体積重量はどれくらいになるでしょうか。強度によって異なるのですが、ここでは、

  鉄筋コンクリート　20kN/m³

と考えておきましょう。
一方、鉄骨の場合はどうかというと、

  鉄骨　80kN/m³

と考えておいてください。鉄の方が重いわけですが、鉄骨の部材はコンクリートの柱や梁に比べて、非常に小さな断面で実現されます。結果、逆に軽量化が可能になります。これについては構造設計の練習が可能になる頃、実感できるはずです。

いずれにしても、コンクリートや鉄でできた1辺 1mの立方体はとても人の力で持てるものではないことがよくわかります。破壊して頭上に落ちてくれば危険極まりないものなのです。壊れないように設計しなければ、と強く思いませんか？

＊ここまでで、コンクリートの立方体の重量をどうすれば計算できるかは理解できていますよね？

2　積載荷重

建築物内に置く、家具やクーラーなどの設備、または利用する人自体の重さを指します。これらが存在していないと、その建築物は機能していないことになります。そして、それらを支えられないと利用者は活動できないことになります。実際、どれくらいの重さを支えるのかは、建築基準法の施行令に譲ります。実に大まかな数字でよければ、$1m^2$あたりで、

$2kN/m^2$
（およそ$200kgf/m^2$）

くらいと考えておきましょう。室の利用形態（住宅なのか、事務機器が多く設置される事務所なのか、図書館なのかなど）によって値が変わることは自明です。

3　自然の力

自然には、風、地震、気温、土、水などさまざまな要因が存在します。これらに建築物を壊されないようにするには、各々がどれくらいの力を持っているのかを知っておかねばなりません。これらは実験、つまり実物を計測することで数値化されます。多くの場合は今まで観測されてきた大きさが基準にされますが、未来永劫そのままでよいものではなくて、時間が経過するごとに新しいデータが蓄積されていきます。

例えば、今まで観測されてきた地震のもっとも強いものの3倍にまで耐える設計を行おうとして、その地震が1000年に一度程度しか起きないものだったら、意味があるでしょうか。例えば、100年に一度くらいのものの2倍に耐えられることで十分ではないかとも考えられます。このあたりのあんばいを決めるのが基準なのですが、最近では建築物をつくることを依頼する側の人がどのレベルを希望するのかを配慮した設計を進める動きもあります。

わかりにくくなったかもしれませんが、これらの強さを正確に決めることは難しく、また適当でありながら、論拠ある判断が必要になり、さまざまな知識を有する専門家（構造エンジニアや研究者）がここに必要になるわけです。

＊地震や風の大きさをどの程度にすればよいのかを知りたい人は、ある程度法令も読めるようになっている必要があります。大学でいえば、学部2年生の後半あたりから、設計例や「建築基準法」、日本建築学会から出版されている「指針」などを調べてみるとよいでしょう。

力の釣り合い

1 力が釣り合っている状態とは

力を受けている「もの」を考えてみましょう。仮に椅子に座ってそれが動かない状態を想定すると、人が座って重さという力を椅子に伝えて、椅子の脚がそれを床に伝えて、さらに床が椅子と人の重さに耐えて実現しているわけです。このうち、床の代わりに、椅子や人の重さ程度では変形しないほど硬い地面がそれの代役を担っているとします。動かないのは、地面が凹んでいかないという地面の硬さを連想する人ももちろんいるでしょう。この硬さとはどんなものなのかを考えてみます。「硬い」状態は、力が作用しても「変形しにくい」ということと考えられます。変形しにくさは一体どのように表現できるでしょうか。わかりにくい時はとにかく「簡単な実例」を想像してみます。

1kNの力で1cm縮んだ物体Aと、同じ1kNで2cm縮んだ物体Bとではどちらが「硬い」でしょうか。ほとんどの人が前者つまり、物体Aが硬いと答えられるでしょう。では、Bに比べてどれだけ硬いのかをさらに考えてみましょう。単純に、2倍の変形をきたしたわけですから、Bの方が2倍縮みやすい、言い換えれば、AがBよりも2倍硬いとなります。数値(あるいは実験)で「いくら縮んだか」を確認し、AはBの2倍硬いという結論が導けました。

椅子に座る人に戻ると、人と椅子の重さを地面が「支えている」ことに気づきます。次章で計算方法を詳しく解説していくことになる反力(Reaction Force)なるものがその「支える力」といえます。ものが動かない状態は、作用する力と同じ大きさの逆向きの力がかかることだと考えてください。すると「もの」はどちらへも動かなくなります。例えば、ある「もの」に水平左向きに10kNの力がかかり、右向きに10kNの力がかかっているとします。数学で学んだ座標の概念を取り入れて、右向きを＋、左向きを－としてみましょう。

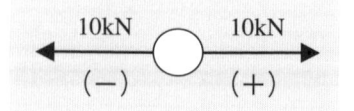

図1 簡単な力の釣り合いモデル

この「もの」に作用している力をすべて加えると、

$$\Sigma X = 10kN - 10kN = 0$$

と書けます。プラスとマイナスは向きを表すだけです。

　①右向きにプラスをとった座標をX軸と呼ぶことで、Xという記号が記されています。
　②力をすべて加えるという意味で総和をとる記号Σが使われています。

数学的な表現は意味を理解して「覚えて」ください。これらは日本語や英語を書く際の「単語」であって、残念ながら「覚える」しか手だてがありません。既に英語などを学んでいく上で何度も単語を使って「自然に覚えられるようになる」ことは実体験されている人が多いのではないでしょうか。力学でも同じなのです。

■ 座標系

ここで、座標系について話をしておきます。

梁や柱といった部材（Member）の位置を決めたり、長さや断面積を計測したりするために必要な定規のようなものであると考えてください。

部材に定規を当てるように、

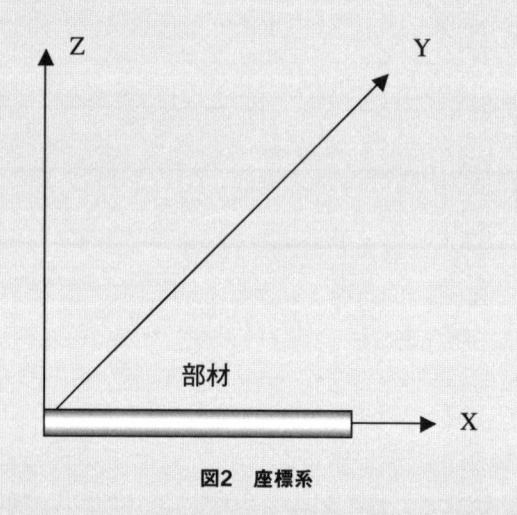

図2　座標系

部材に沿ってX軸を置きます。Z軸が上向き正でX軸が右向きで正となります。回転方向は、各軸の正方向に右ネジを回すと進んでいく方向が正となりますので、Y軸を中心として回転する場合、向かって時計回りが正となります。

あくまで基準ですから、自らそれを作成して問題ありません。しかし、数学で三次元空間の表現には「デカルト直交座標系」というもの使うと学んでいる人がほとんどですので、上記のように設定することが他の人と知識を共有する上で有意義となるでしょう。

2　釣り合い式

さて、式に戻りましょう。今観察している「もの」に作用している力をすべて加えて0(ゼロ)になっていれば、「力が釣り合っている」状態にあるといえます。
仮にX方向に対して直交する方向をYと書けば、その方向にも釣り合っている条件が書けます。さらに立体的に考えてX-Y平面に直交するZ方向なるものが存在しても同じです。つまり、すべてまとめると、

$$\Sigma X = 0$$

$$\Sigma Y = 0 \qquad (1)$$

$$\Sigma Z = 0$$

となります。簡易な言葉で示せば、「上にも下にも、右にも左にも、前にも後ろにも、動かない」状態を表します。このように、方向ごとにかかる力をすべて加えて結果が0なら「釣り合っている」わけです。逆の発想で、これらの式が成り立つような状態を見つけるという使い方もできます。つまり、釣り合うような力を求めることもできるわけです。冷静に式を理解するということが「客観視」につながります。多くの「迷ってしまう学生」にはこの点が欠けているように思えます。道具はあっても、どういう使い方が可能かを模索する能力が開発されていないのです。

＊正面からだけでなく反対側から物事を見られる能力が身につけば、社会的なモラルの必要性も明白にわかってくるものです。

ここに自動車を停めれば自分は楽ができるが、ここを通る人には迷惑だな。

この波線の部分を常に意識しているかが、人間性を表すとともに工学という分野を学んでいこうとする人の意識に必要な部分でもあると考えています。毎日の生活の中に構造力学学習の素養を伸ばせる機会があるともいえますし、この発想で自分自身を磨くこともできるわけです。

3 モーメント（Moment）とは

さらに力の釣り合いを考えます。前述の釣り合い条件にまだ登場していない項目があります。それが「回転」です。式（1）には回転を止める条件が入っていないのです。ここで「モーメント」なるものが登場します。簡単にいえば、回転する（させる）力です。しかも計算は簡単です。つまずいている初学者には厳しい言い方ですが、規則通りに計算することをはなから諦めているか、放棄してしまっている人々とも考えられます。それくらい難しいものではないのです。「素直に」「規則を当てはめて」計算すればよいのです。

モーメントは、注目している点に対してはたらきます。その点は回転する中心です。図3のような水平方向に横たわった棒状の物体に鉛直方向に力Fが作用しています。

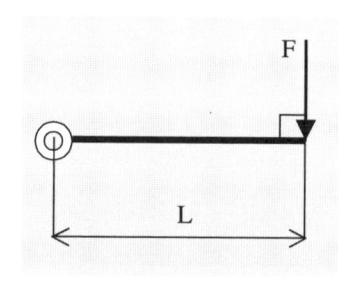

図3　質点と力の位置関係

例えば、◎の点を中心にこの力によって回転する力（モーメント）は、

$$M = F \times L$$

で計算できます。Lは作用している力の作用線（力の方向に沿って無限に長い直線）に◎の点から下ろした垂線の長さです。

この垂線の長さは図4のように計測します。図を参考にすれば問題なく計測できるはずです。また例のひとつにあるように、作用する力と点が何かでつながっている必要はありません。注目する点があれば、その位置と力の関係だけで計算ができます。

作用線に対する垂線

力の作用線

F

注目点からの垂線は力の線（ベクトル）と交差する必要はなく、作用線に対して下ろせればモーメントのアームの長さは存在する

モーメントのアーム

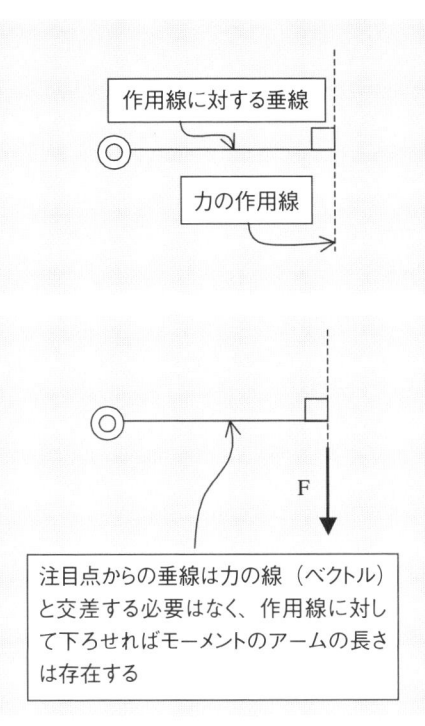

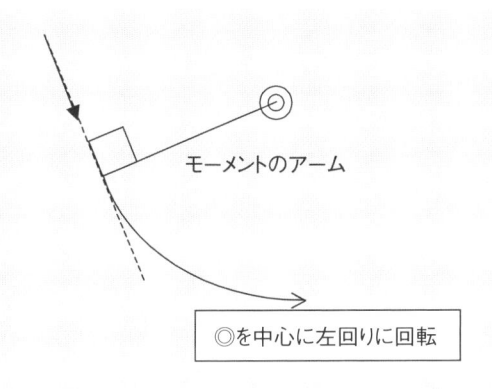

◎を中心に左回りに回転

図4　力の方向に関係なく、中心点から力の作用線に垂線を下ろす

残念ながら、幾何学の初歩（中学校で学ぶ図形程度のもの）が修得できていないと、ここで再度迷いが生じます。ただし、90度がどのような角度なのかを知っていれば多くの場合、それもクリアできるはずです。

力と距離の乗算になりますから、仮にFが小さくてもLが十分長ければ同じ回転力を発揮できることになります。

$$F_1 = 2kN \quad L_1 = 10mm \ : \ M_1 = 20kN\cdot mm$$
$$F_2 = 1kN \quad L_2 = 20mm \ : \ M_2 = 20kN\cdot mm$$

双方の計算結果が同じであることを確認しましょう。ここで随分昔に学んだ「てこの原理」が思い浮かんだ人はいるでしょうか。作用点（ここでは回転の中心）から距離が離れれば、わずかな力で同じだけの回転力を得られるというわけです。

> ＊F_1、F_2のように下添字に番号を振って、区別することが出てきます。場合分けをするケース1、ケース2と同じ意味で使われていることに留意してください。
> また、A、Bなどのアルファベットで書かれる場合は、A点に注目したケースという意味になり、A点を中心点としたモーメントはM_A、B点に作用する鉛直方向の力はV_Bと表記されます。

このテキスト内では、仮に以下のように回転の方向にしたがって符号をつけることにします。

　　　　　時計回り（右回り）：＋（プラス）
　　　　　反時計回り（左回り）：－（マイナス）

ひとつの点に同じ大きさの2つの力が互いに逆向きに加われば、打ち消しあって0になってしまうことは理解できるでしょうか。回転する力についても、時計回りに回そうとする力と同じ大きさの反時計回りの力があれば0になるわけです。
また、モーメントの表現の仕方には2種類あります。図5内のモーメントは両方とも同じ状態を表現しています。
円弧を使用した表現は点に対して直接的なもので、力と距離の乗算が終わった後でその点のモーメントを表現したものとなります。

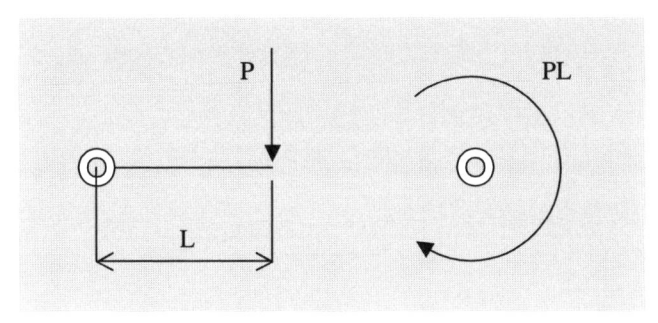

図5 ◎の点を中心とした同じモーメント

4　モーメントも釣り合う

モーメントも釣り合います。「もの」を回転させる力ですから、モーメントが釣り合っていれば「もの」は回転しません。もっとも単純な釣り合いの例題は次のように、互いに逆向きに回転させるモーメントが存在する場合となります。

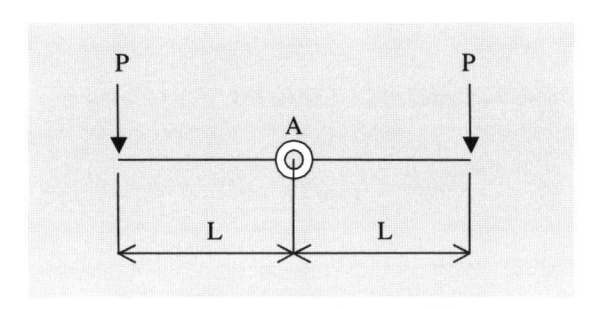

図6　モーメントが釣り合っている状態

モーメントの釣り合い式は、注目している点に仮にAという名前がついていれば、

$$\Sigma M_A = 0$$

と書き、A点を中心としたモーメントをすべて加えたら、0になることを示しています。逆に、この条件を満たせば、A点を中心とした回転は起きないということになります。

反力

1 反力とは

構造力学の分野では「支える力」と同等な意味で使われることが多くあります。本来はアクションに対するリアクションです。力がかかれば、それに応える力が必要で、建築物の場合では、作用した重さであるアクションがかかると、それを静止させるためにリアクションフォース（反力）が必要となります。
最初は単純に「支える力」と考えておきましょう。

■ まずは直感で考える

具体的にどのように計算されるのかはさておき、まず下の例を考えましょう。構造力学のテキストには必ずといってよいほど出てくる例題です。

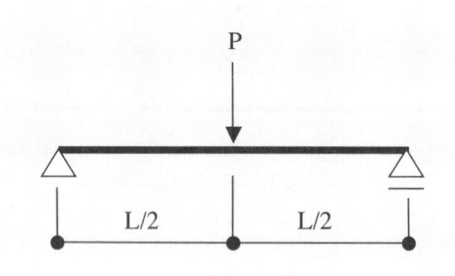

図7　中央に力を受ける梁

まっすぐ水平に置かれた棒の真ん中に上から下向きに重さがかかっています。左右の2点で支えられていることを考えれば、各々が半分ずつ支えていると直感的にわかるはずです。上から下向きに100kNの重さであったなら、上向きに50kNずつ支えてあげる必要があります。これが反力です。

では具体的に「どのように計算」したのでしょうか。
多くの人は、

$$100kN \div 2 = 50kN \quad (2)$$

としたと思います。それで正解です。何も釣り合い式なるものを持ち出さなくてもよいわけです。しかし、式を書くことによってもう一歩踏み込んだ表現ができるのです。
例えば、

「これからどこへ行くの?」

に対して

「あちらの店」

という返答で通じているのが上記の式(2)です。これを

「南に100mほど行って右手にある○○店まで」

と表現するのが釣り合い式による誘導であると考えてください。後者の表現がまどろっこしくて嫌だという人もいるでしょう。ただ、後者なら追加の説明は必要としませんし、「南」と「100m」というワードで客観的な表現が可能となっています。

2　支え方（支持条件）の呼び名

まず、図7左側では三角形で梁を支えているように描かれています。この三角形は非常に硬い三角柱が横たわっていると考えてください。非常に硬いというのは壊れない、三角形の角がつぶれないといった意味です。この表示がある点では水平にも鉛直にも移動ができないと仮定します。ただし、三角形の頂点1点で支えられているわけですから、回転は可能です（図8参照）。これを「ピン支持」あるいは「単純支持」と呼びます。

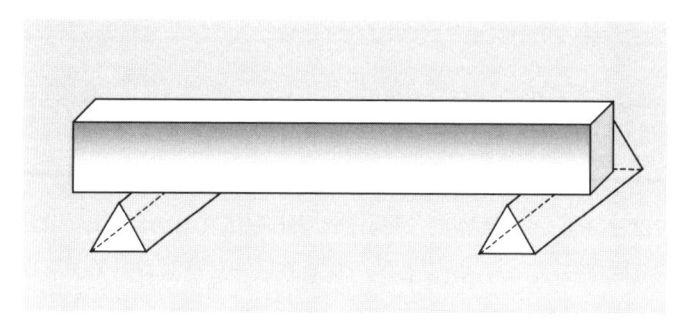

図8　梁の支え方の模式

一方、図7右側の三角形の下に1本水平線が描かれているものは、先のピン支持でも特殊なもので、水平方向にあるいはその直線の方向には滑る支えだという意味になります。これを「ローラー支持」と呼びます。図9のような状態です。それを通常は三角形と1本の直線で表現します。

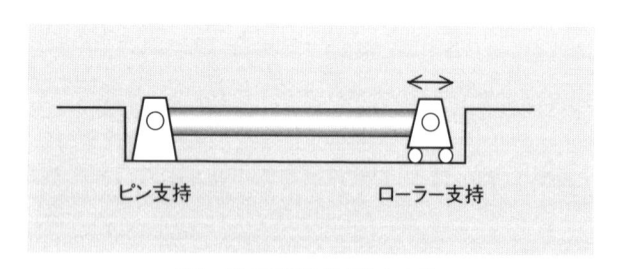

図9　梁の両端に施された支持

この2つの支持方法が図9に示されています。このような表現をすれば、より動きがわかりやすいでしょう。ローラー支持は基本的にピン支持にローラーが付属しているだけで、ピン支持の一種といえます。

ピン支持は水平にも鉛直にも移動させない支持ですから、水平・鉛直の双方向に反力が存在します。一方のローラー支持は、ローラーが移動する方向の垂直方向に反力が生じます。

支持方法には、前述の2つのほかに、「固定支持」があります。鉛直、水平の移動を止めるだけでなく、回転も起こさないようにするものです。模式を図10に示しています。もっとも固く止められていることが理解できるでしょう。

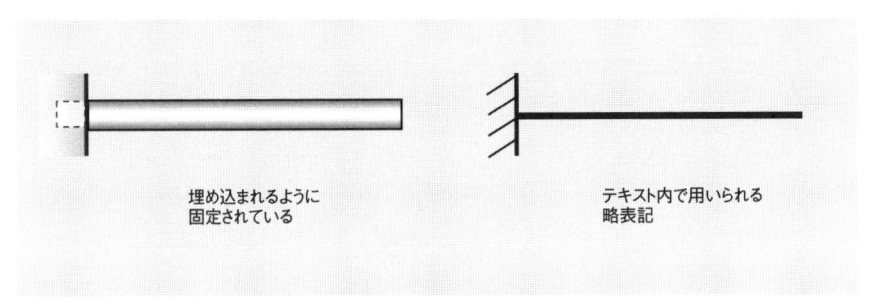

埋め込まれるように
固定されている

テキスト内で用いられる
略表記

図10　固定支持

3　もっとも基本的な例題

では釣り合い式をつくってみましょう。構造物に力Pがかかっています。図の中に反力を描き込んでからその絵を見て計算していきます。

> *この力の描き込みに失敗すると、解答を導けないことにつながります。一見取り返しがつかないように思われますが、見直すことで誤りに気づけば「戻れる」のです。間違いないことを確かめましょう。

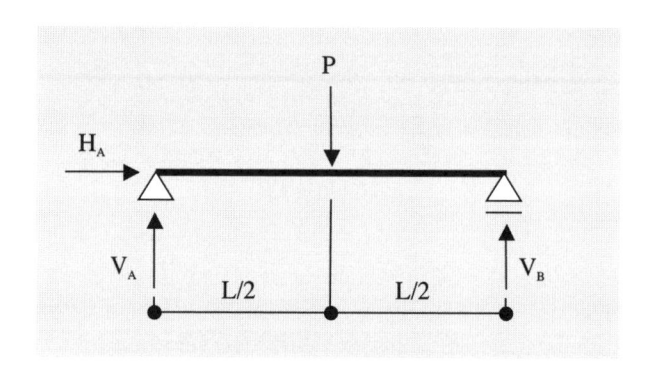

図11　単純梁に作用する反力

水平方向にはたらいている力の総和

$$\Sigma X = H_A = 0 \quad ①$$

鉛直方向にはたらいている力の総和

$$\Sigma Y = V_A + V_B - P = 0 \quad ②$$

A点を中心点としたモーメントの総和

$$\Sigma M_A = P \times \frac{L}{2} - V_B \times L = 0 \quad ③$$

③の式を$V_B=$となるように書き換えると、

$$V_B = \frac{P}{2}$$

となるので、$\Sigma Y = 0$ から、

$$V_A = \frac{P}{2}$$

となり、予想通り外力を半分ずつ受け持つことがわかりました。
この手法は
「あやふやな勘に頼らなくても、規則通り行えば誰でも反力が計算できる」
ことを示しています。これが「構造力学」という学問体系です。

> *ここで上の計算をじっくり解説してみます。何かの演習で反力の計算がわからなくなったらここに立ち返ってください。

4 例題の解説

3節の①〜③の式を再度じっくり観察していきましょう。

$$\Sigma X = H_A = 0 \quad ①$$

水平方向に作用している力のみ観察します。「反力も含めて」考えます。図8を見間違いさえしなければH_Aのみが存在することがわかるはずです。しかも右向きですから、正の方向です。したがって、①のような表現になります。

次に鉛直方向に作用している力のみを観察し、すべて足し合わせます。すると、

$$\Sigma Y = V_A + V_B - P = 0 \quad ②$$

となることがわかります。ここで、Pは下向きですから、マイナスの符号がついています。V_AとV_Bは支える力で、「最初はプラスの方向に定義」します。これは明らかに下向きになりそうな場合でも、常にプラスの向きとして規則化してください。

モーメントの釣り合いをとってみます。図11を参考にして、一つひとつの力についてモーメントの計算を行います。

$$\Sigma M_A = P \times \frac{L}{2} - V_B \times L = 0 \quad ③$$

M_Aと表記したように、A点を仮にモーメントの回転の中心とします。ここで「仮に」と書いたのは、B点でも構わないという意味です。簡単に計算ができる点を選ぶのが通常ですが、練習を続けていくうちにA点の方がB点より簡単だ、と気づいたのならば、モーメントの計算は修得されたと考えてよいでしょう。

■モーメントの釣り合いについて補足解説

もう一度ていねいにひとつずつ、力を観察していきます。

(1) H_A

A点に直接作用し、距離rをとるにもとれません。つまりr=0の状態にあります。作用線がA点を通過しています。

よってモーメントは0となります。

(2) V_A

H_Aと同様に r=0となります。よってモーメントは0です。

(3) V_B

B点に鉛直上向きに作用する力で、A点が中心だとすると、AB間の距離がrになり、r=Lとなるのがわかるでしょうか。図4と同じ関係を考えましょう。回転する方向は、左回り、つまり反時計回りになります。よって、

$$-V_B \times L$$

のモーメントが発生します。

(4) P

これは外力となりますが、梁の中央点Cに作用していて、A点を中心に考えれば、AC間の距離が r=L/2となります。

回転する方向は右回り、つまり時計回りとなりますので、

$$P \times L/2$$

というモーメントが得られます。

単純にこれらの合計をとる操作を行うことが、ΣM_Aという表記なのです。

繰り返しいいますが、文章や図は何度でも見返すことができます。ひょんなことから理解できたりすることもあります。わからないときは何度でも見直しましょう。また、理解できている人に頼ってみるのもよいでしょう。

[例題1]

片持梁と呼ばれる梁を考えてみます。
片側だけががっちりと固定され、もう一方は何も支えがない状態の梁のことです。

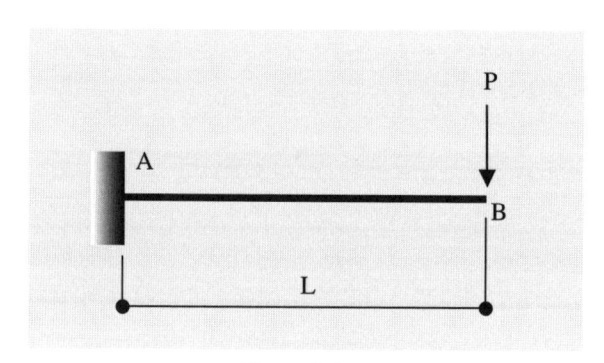

図12　片持梁

庇を横から見ると、これと同じ状態であることがわかると思います。A点は完全に固定されていることから、「固定支持」と呼ばれ、ピン支持と異なり、回転も許しません。逆の見方をすれば、回転を止めるだけの力が支持点に作用するということにもなります。つまり、固定支持にはモーメント反力が生じます。

水平、鉛直方向に支える力に加えて、回転を支えるモーメントが反力に加わりますので、次のように図を描きます。A点には元からモーメントM_Aが存在しているわけです。

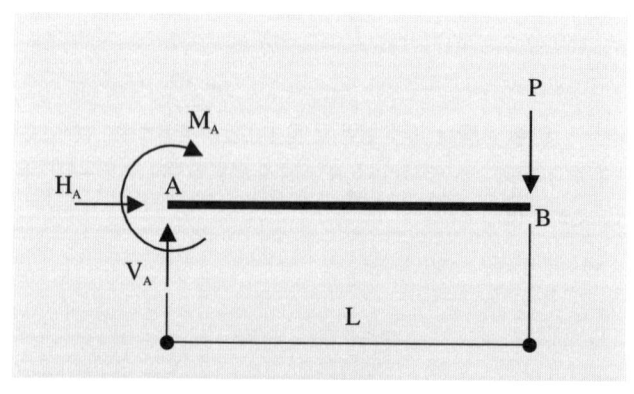

図13　反力の記入

先の例題のように、釣り合い式をつくっていきます。

(1) 水平力の総和:

$$\Sigma X = H_A = 0$$
$$H_A = 0$$

(2) 鉛直方向の力の総和:

$$\Sigma Y = V_A - P = 0$$
$$V_A = P$$

図12にある鉛直方向にはたらく力のみ

(3) A点に作用するモーメントの総和:

$$\Sigma M_A = M_A + P \times L = 0$$
$$M_A = -PL$$

モーメントは反力M_Aの作用しているA点を中心にとります

注意しなければならないのは、A点を中心としたモーメントの計算で、A点にあるモーメント反力M_Aを忘れずに加えなければなりません。この例題が実は最も計算量は少なく、各々の式を立てるだけで、連立させなくても3つの反力が得られてしまいます。

［例題2］

複数の力が作用した場合を考えましょう。

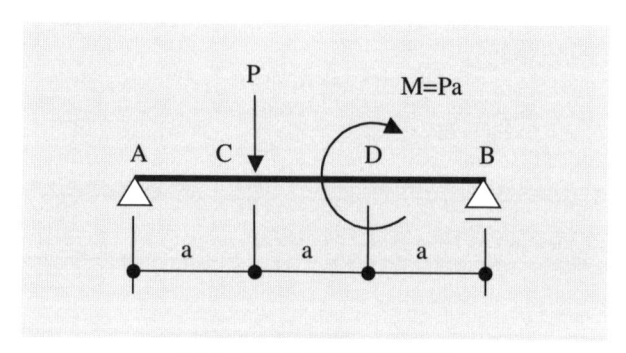

図14　複数の力を受ける単純梁

C点に鉛直方向の集中荷重が、D点にはモーメントが作用しています。A点はピン支持、B点はローラー支持ですから、次のように反力を描き加え、それがこの梁に作用しているすべての力となります。M＝P×aは、MとP×aが同じものであることを示しています。式をつくる際は、まずMを使って表現します。

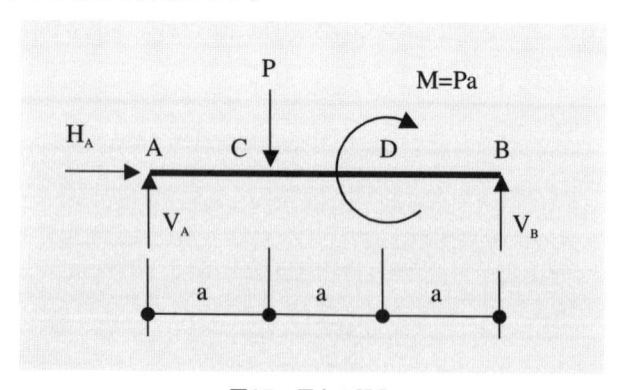

図15　反力の記入

＊ これ以上の力を書き加えたり、創造したりしないように。

水平方向に作用している力のみを書き出し、総和をとります。

$$\Sigma X = H_A = 0 \qquad H_A = 0 \qquad ①$$

鉛直方向に作用している力のみを書き出し、同様に総和をとります。

$$\Sigma Y = V_A + V_B - [A] = 0 \qquad ②$$

わからないもの、求めたいものはV_AとV_Bですから、この式だけでそれらを得ることはできません。[A]には何が入るのかはわかりますか?

A点を中心としたモーメントを計算してみます。

$$\Sigma M_A = P \times a + M - V_B \times [B] = 0 \qquad ③$$

下の式から[B]には何が入るのかはわかると思いますが、モーメントのアームを自身で捉えられたかを確認してください。

> *この式で重要なのは、A点を中心としたモーメントにMがそのまま加算されていることです。モーメントは連続している(一体になっている)梁の中をそのまま伝わると考えてください。曲げる力として標記されているMは、A点でモーメントの釣り合いをとろうと、B点での釣り合いをとろうとも、同じように加算しなければなりません。

ここで、M=Paを代入します。

$$V_B = \frac{Pa + Pa}{3a} = \frac{2}{3}P$$

したがって、これを②の式に代入することで、次の式を得ます。

$$V_A + \frac{2}{3}P - P = 0$$

$$V_A = \frac{P}{3}$$

これで、3つの反力がすべて求められました。

［例題3］

もともと、梁の重さはどの部分にも均等に存在しています。これは梁に限らず、どんな物体でもいえます。それをどの位置でも同じ力が作用している等分布荷重として図16のように表現します。これは単位長さあたりの重さを表現したものです。

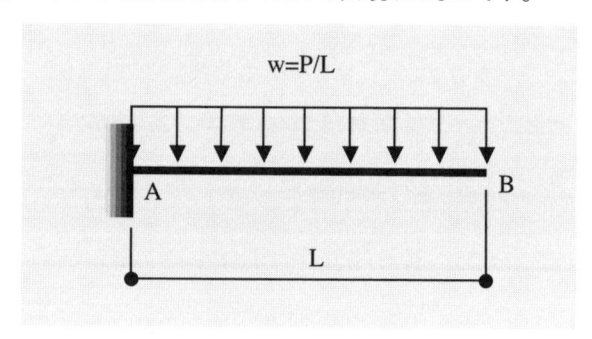

図16　等分布荷重が作用する片持梁

■ 等分布荷重の扱い

平面モデルの場合、単位長さあたり何kN（あるいはtf）といった単位を持ちます。具体的に書くと、kN/mのようになります。1mあたりの重さです。わかりやすい例で記すと、
* 建築物に作用する等分布荷重　　1mあたり100kN　　　　2mなら200kN
* お店で食肉を購入する　　　　　100gあたり100円　　　200gなら200円

日常、我々が体験している計算となんら変わりがありません。
では、この梁に作用している全重量は、

① 　1mあたり$w=P/L$

② 　Lという長さの範囲にかかっている

③ 　全重量$W = \dfrac{P}{L} \times L = P$

となります。

全体でPだとわかりましたが、今度はそれをこの梁のどこに作用させればよいのかが問題となります。本来は積分を使って、その位置を決めることになりますが、荷重の分布の形を見て、その代表点に作用させるべきだ、とは想像できると思います。この四角形状の形の代表点（図心）は、もちろん、梁の長さ方向に測れば、ちょうど中央、つまりL/2のところです。したがって、最終的に図17のように書き換えて反力を計算します。これならば、

今までの例題を基に計算できるでしょう。

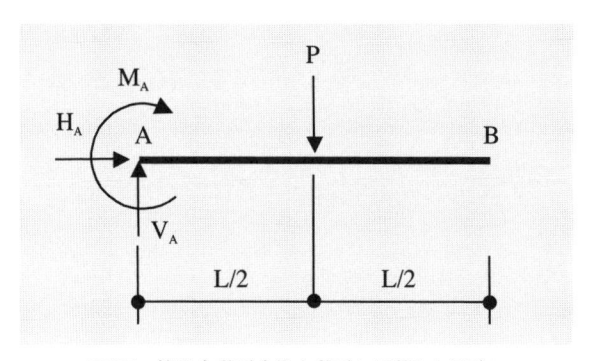

図17　等分布荷重を集中荷重に置換したモデル

水平方向の力の総和：

$$\Sigma X = H_A = 0 \qquad H_A = 0$$

鉛直方向の力の総和：

$$\Sigma Y = [A] - P = 0 \qquad V_A = P$$

A点を中心としたモーメントの総和：

$$\Sigma M_A = M_A + P \times [B] = 0 \qquad M_A = -\frac{PL}{2}$$

[A]、[B]に何が入るのかは、各々の計算結果を見ればわかると思います。
注意したいのは、モーメントの釣り合いをとった式で、反力であるM_Aが記入されている点です。M_AはモーメントとしてA点に作用している力ですから、見逃さずに記入できるようになりましょう。

5 トラス構造物の軸力の求め方

1 トラスとは

網目状に編んだ幾何学的にも美しい構造物をトラス（Truss）と称します。図18にその代表的なものを示しています。近年ではもっと複雑で多くの部材を有するものも存在し、立体的に編んだスペースフレームがよく見かけられるようになりました。

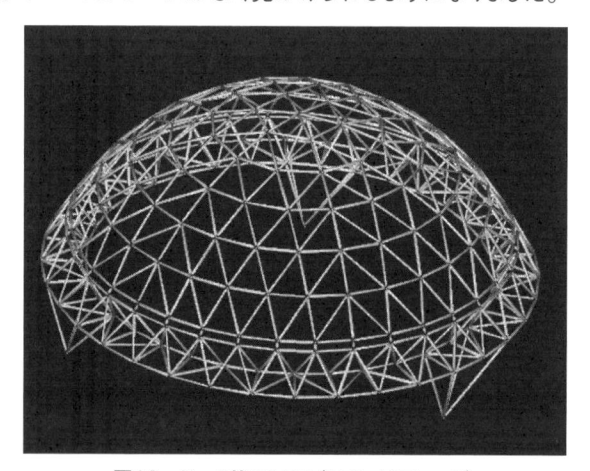

図18　ドーム状のトラス（スペースフレーム）

構成部材には応力が軸力しか作用しません。変形でいえば、伸び縮みだけを来すという仮定を適用しています。したがって、部材をバネだと考えてもかまいません。力は図19のように節点に作用して、支持点まで川が支流に分岐するように流れていきます。部材が軸方向の力しか受けませんから、まさにトラスの形が力の流れになります。複雑かつ部材数の多いトラスになるとさすがにコンピュータによる計算に頼らざるをえませんが、ある程度計算をこなしてきた人は大まかに力の流れを理解して、どこが縮み、どこが伸びるのかを判断できるようになります。

[図内テキスト]
直接伝わるのみ

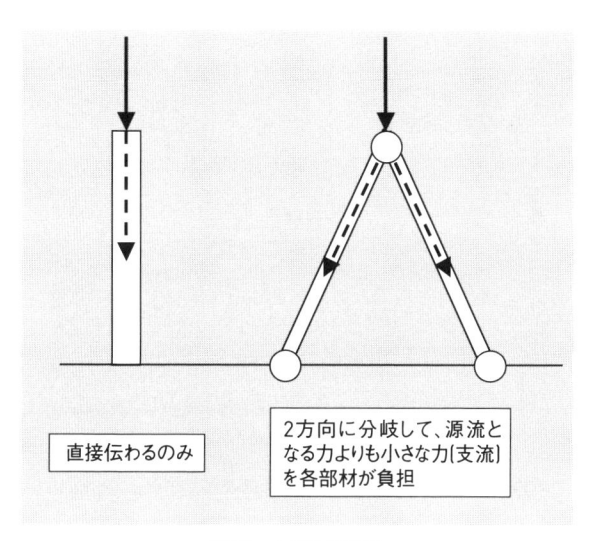

2方向に分岐して、源流となる力よりも小さな力(支流)を各部材が負担

図19　トラスの原理

では具体的にその伸びる、縮むとはどういうことでしょうか。

＊実際には曲げる力なども作用しますが、力学モデルを単純化するため、「軸力のみが作用する」と考えます。

2　軸力とは何か

軸という言葉から、回転の中心、と思い浮かぶ人が多いだろうと想像します。コマの軸であったり、車軸であったり、これら「軸」はどんな形をしているでしょうか。
「軸状のもの」というと、細長いものを総称してそう呼んでいる場合もあると思います。建築構造部材の場合では、軸方向という言葉を用います。部材は基本的に棒状であり、その長手方向を軸方向と呼びます。

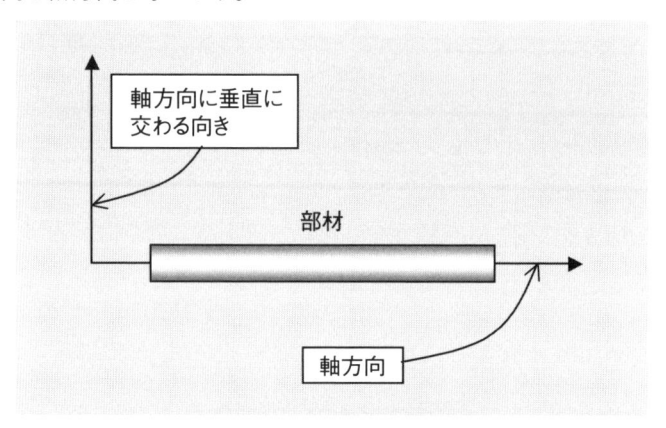

図20　部材に設定される軸

この軸方向に並行にはたらく力を「軸力」と称するわけです。正確には「軸方向力」あるいは「直力」と呼びます。後者の呼称は「軸方向に直交方向の断面を想定し、その面の法線方向に（面に直角に）作用する」という別の見方からくるものです。

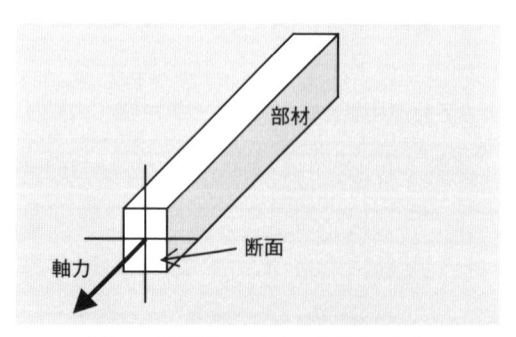

図21　部材断面に直角に作用する直力

＊この「直力」は英語でNormal Forceであり、「軸力」は Axial Forceとなります。多くの構造力学のテキストで軸力を Nと表現するゆえんは前者にあります。

再度の解説になりますが、軸力は構造物の形を川と見立てて、そこを流れる水が分岐したり、集まったりを繰り返していくと考えてください。節点が水の注ぎ口となり、そこに外力という水が注ぎ込まれていくわけです。水流が激しくなるであろうと想像できた箇所には軸力の作用が大きくなることが予想できます。先の図と同じものを考えましょう。

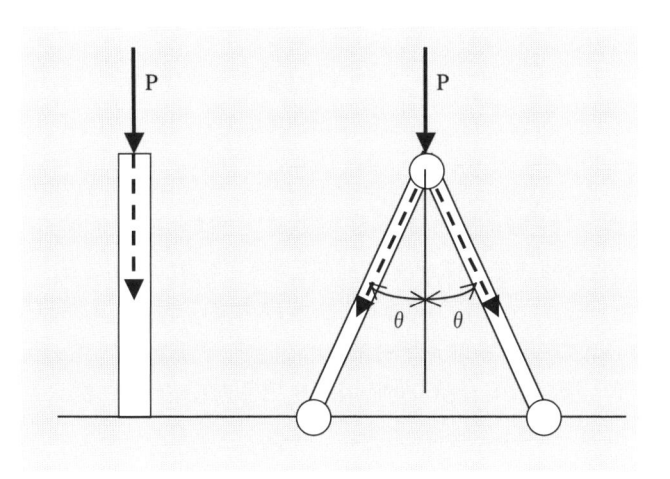

図22　柱と2本の部材で構成されるトラス

　　　　1本の柱に上から力がかかる場合
　　　　二股に分かれる場合
負担が大きいのはどちらか考えてみます。

1本の柱で負担する場合　柱でPをそのまま負担
2本の斜め材で負担する場合
左右対称の形をして支えていますから、各々が同じ量だけ負担してPという力を支えるであろうことはわかるでしょうか。その力を仮にNとしてみましょう。図23のように考えます。

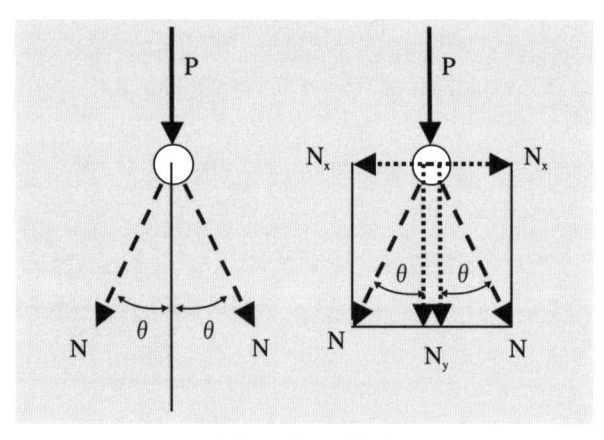

図23　PとNの関係

Pが点に流れ込んで、Nとして分かれるわけですから、各々のNの鉛直成分（右図のN_y）を足し合わせたものは、Pと同じでなければなりません。では水平成分はどうなるかというと、図のように2つのNの双方で方向が異なり、同じ大きさの力（右図のN_x）となりますから、足し合わせるとキャンセルされて、0になることがわかるでしょう。これが「釣り合っている」状態を表します。さて、力が分岐点で分解されていく様子を数式で表したものが下の「力の分解式」です。図23ではNという力をN_xとN_yに分解したわけです。ここで出てくる三角関数については図24を参照してください。

$$N_x = N \cdot \sin\theta$$
$$N_y = N \cdot \cos\theta$$

力Pが節点に流れ込み、二股に分かれていきます。どちらの支流にどれだけ流れ込むのかを計算するために、上の式が必要になります。トラス構造物はさまざまな角度で部材が交錯し、複雑に絡み合っているため、規則通りに計算する力を身につける必要があるわけです。

さて、Pは2つのN_yと同じ量ですから、

$$P = 2N_y = 2N \cdot \cos\theta$$
$$\therefore N = \frac{P}{2\cos\theta}$$

となります。もしも、θが45度であったら、$\cos\frac{\pi}{4} = \frac{1}{\sqrt{2}}$ となります。したがって、Nの値は、

$$N = \frac{\sqrt{2}P}{2} \approx 0.707P$$

であり、1本の部材でPの70％程度を支えていることになります。1本分の負担としては斜めの材2本を使った方が小さくなることがわかります。

軸力自体は、流れ込んだ水流そのものではなく、その部材で流れをせき止めようとする力（これを応力と呼びます）のことを指します。したがって、流れ込んできた力と反対向きの力となり、それによって外力と応力の釣り合いが成り立ち、トラスが変形して外力に持ち堪えるわけです。

＊ここで計算式がよくわからないという人も、支流に分かれることによって力が分散されていくことが理解できていれば、問題ありません。

■ 三角関数

難しいものではありません。次のように直角三角形の辺の比を表すものです。それを辺に挟まれた角で表していると考えてください。R、X、Yは各々辺の長さです。

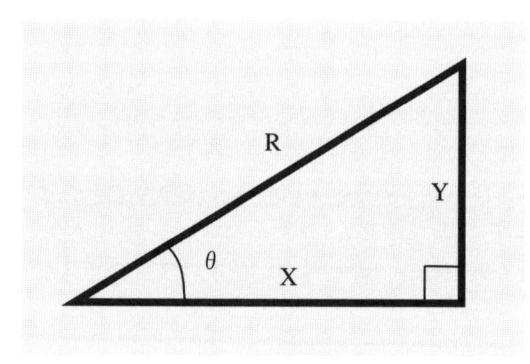

図24a　直角三角形

$$\cos\theta = \frac{X}{R} : 余弦 \qquad \sin\theta = \frac{Y}{R} : 正弦 \qquad \tan\theta = \frac{Y}{X} : 正接$$

■ 力（ベクトル）の分解への応用

三角関数を利用すれば、力は次のように分解できます。

$$P_y = P \cdot \sin\theta$$
$$P_x = P \cdot \cos\theta$$

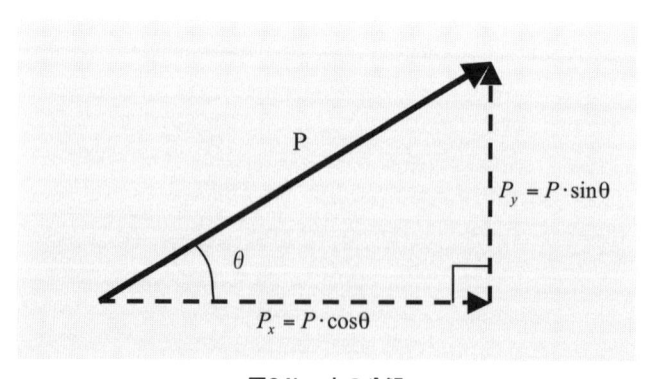

図24b　力の分解

P_xとP_yを足し合わせるとPに戻ります。

3　軸力の正負

軸力は一方向に部材を伸ばすか、縮めるかいずれかの向きにはたらきます。一般的に、伸ばす力が作用している場合を「引張」、縮める場合を「圧縮」と表現します。直線状の部材にそれらの力が作用している状態を図示してみます。

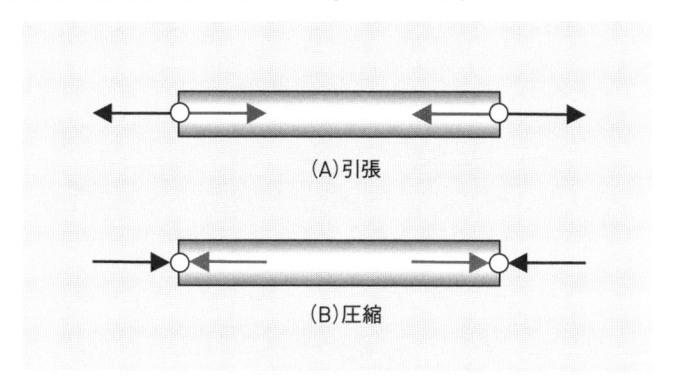

図25　引張と圧縮

（A）が引っ張られている状態で、（B）が圧縮を受けています。〇は部材の端を表す、節点です。この節点で力が釣り合う必要があります。力が作用して、内部の部材が抵抗して〇で示した節点が移動しないことが釣り合う条件です。部材が抵抗するということは、節点に外から作用した力と逆向きに部材内に力が必要になることはわかるでしょうか。それが図25に示されています。内側に描かれた力が「軸力」となります。その軸力は、図25のように、節点を引っ張るように描けば「引張」、逆に押すように描けば「圧縮」となると覚えましょう。また、正負の符合をつけることで計算が画一化できますから、多くのテキストで採用されているものにのっとって、引張を正に、圧縮を負とします。

4　シンプルな例題（節点法）

直角三角形状のトラス構造物を考えます。この形は、水平部材、鉛直部材、斜め部材（斜材）から成り立っており、シンプルでありながら力の流れと釣り合いを理解しやすい例題です。

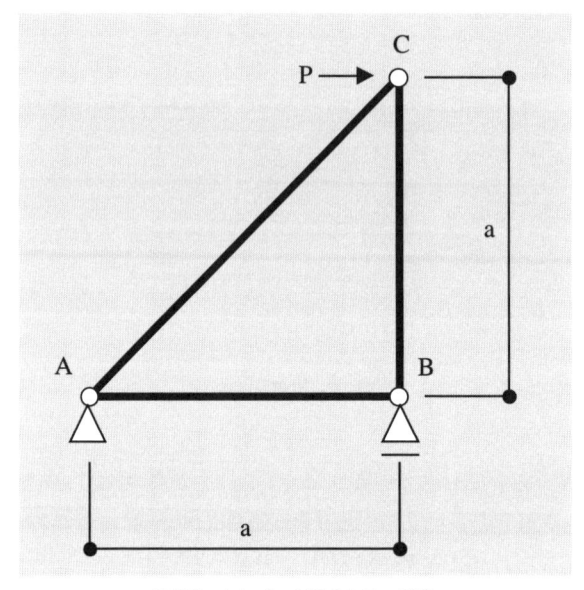

図26　シンプルな静定トラス構造

■ 反力

トラス構造物の反力も梁の場合と同じように計算できます。大切なのは、形に捉われないことです。力のかかっている位置関係のみに注目していればよいので、内部の構造がどんなに複雑でも反力の計算には不要な情報なのです。図27のように頭の中で書き換えてもよいでしょう。そうすれば、次のように3つの釣り合い式が書けます。

$$\Sigma X = H_A + P = 0$$

$$\Sigma Y = V_A + V_B = 0$$

$$\Sigma M_A = -V_B \times a [A] P \times a = 0$$

［A］にはプラスかマイナスが入ります。A点を中心としたPによるモーメントはPの作用線を考えれば、アームの長さがaであることは理解できているでしょうか。

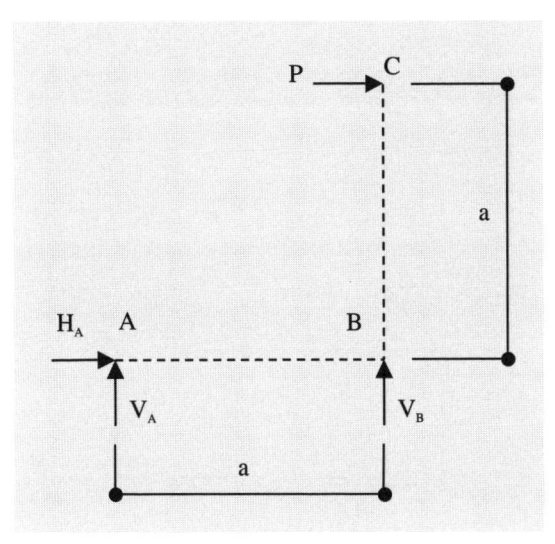

図27　力のみの表現

その結果、次のように反力が得られるでしょう。

$$H_A = -P$$
$$V_A = -P$$
$$V_B = P$$

これでこのトラスに外から作用している力が判明しました。軸力を求める準備ができた状態です。

■ 軸力（節点法）

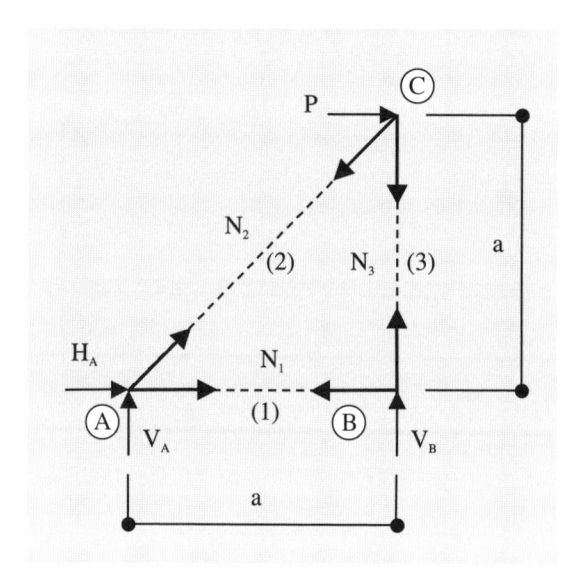

図28　トラスに作用する力

図28がこのトラスに作用するすべての力です。軸力は1部材にひとつずつ、N_1からN_3まで発生します。図のように「節点を引っ張るように書いた力」が引張力であり、逆に「節点を圧すように書いた力」は圧縮力であることは前述の通りです。この軸力は最初の段階ではすべて「引張力」として記入します。

例えば、N_1はA点にもB点にも作用していますが、部材（1）の両側に作用して「1つの軸力」として成り立っていると考えます。

節点法は各節点で力のX方向、Y方向の力の釣り合いをとる方法です。傾いて作用しているN_2のような力はX、Y方向に分解して取り扱います。

■A点

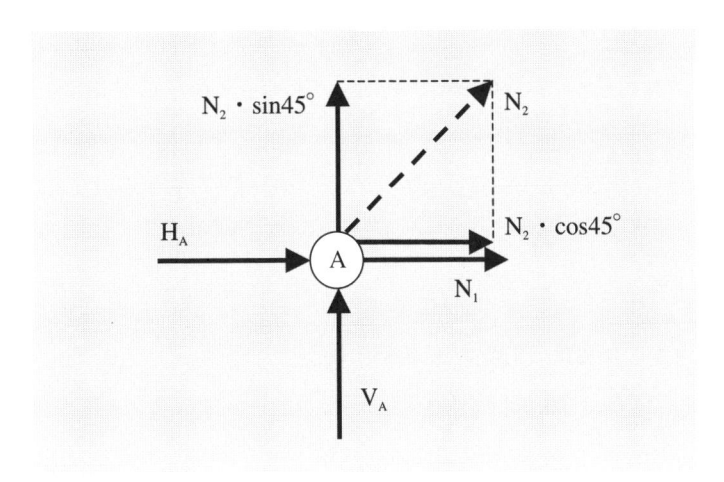

図29 A点に作用する力

A点に作用している力だけを取り出して、図29に示しました。図からわかるように、軸力 N_2 は、既に破線*にしてあり、計算の対象となるものは、破線になった力を除いて、

$$N_2 \sin 45°$$
$$N_2 \cos 45°$$
$$N_1 、H_A 、V_A$$

の5つとなります。
これらを眺めて、水平(X)方向、鉛直(Y)方向の釣り合いをとります。

> *破線にしてあるものを私の講義ではGhost（ゴースト）と呼んでいます。これは既に存在しないものだと考えるための呼称です。釣り合い計算に加えてはなりません。

X方向の釣り合い式：

$$\Sigma X = H_A + N_1 + N_2 \cos 45° = 0$$
$$-P + N_1 + N_2 \frac{1}{\sqrt{2}} = 0$$

Y方向の釣り合い式:
$$\Sigma Y = V_A + N_2 \sin 45° = 0$$
$$-P + N_2 \cdot [A] = 0$$
$$\therefore N_2 = \sqrt{2}P$$

これを最初の式に代入して、
$$\therefore N_1 = -\frac{1}{\sqrt{2}}N_2 + P = 0$$

これによって2つの軸力N_1、N_2が特定できました。

■ B点

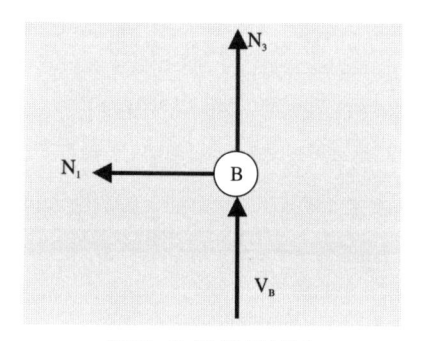

図30　B点に作用する力

A点に比べると、B点はすばらしく計算が簡単になる節点です。見た目そのままで釣り合い式を誘導できるでしょう。

X方向の釣り合い式:
$$\Sigma X = -N_1 = 0$$

Y方向の釣り合い式:
$$\Sigma Y = V_B + N_3 = 0$$
$$\therefore N_3 = [B] = -P$$

各々の式から軸力N_1、N_3が特定できましたが、最初のX方向の釣り合い式から先のA点で計算した結果と同じものが得られています。もちろん、どちらかでN_1を計算しておけばよいわけで、二度計算する必要はありません。

＊この時点で、N_1、N_2、N_3がすべて計算できました。通常はここで計算終了です。しかし、練習のためにC点の釣り合いも立ててみましょう。

■C点

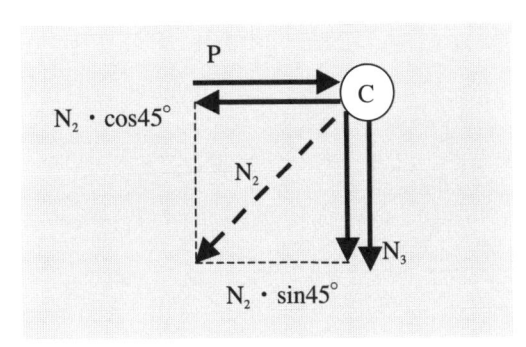

図31 C点に作用する力

C点には外力Pが作用していることを見逃さないでください。破線になったN_2は分解された後のゴーストなので、計算には入れません。

X方向の釣り合い式:

$$\Sigma X = -N_2 \cos 45° + P = 0$$

$$\therefore N_2 = \frac{P}{[C]} = \sqrt{2}P$$

Y方向の釣り合い式:

$$\Sigma Y = -N_2 \sin 45° - N_3 = 0$$

$$\therefore N_3 = -\sqrt{2}P \cdot \frac{1}{\sqrt{2}} = -P$$

得られたN_2、N_3はいずれも節点A、Bで計算したものと同じになりました。このように節点法による軸力計算では、どの節点を対象にしても、同じ結果を得ることができることがわかったと思います。

＊なるべく簡単に計算できる節点を選択すれば、効率的な計算が可能です。今回の計算ではB点→C点という順で計算すれば、計算量は少なくなります。

5　切断法

切断法はその名の通り、トラス構造物を切断して軸力を計算する方法です。節点だけを切り出して釣り合いをとっているという考え方もできますから、節点法も大きくは切断法ともとれ、部分ごとに力の釣り合いをとるという基本的な考え方は共通するものです。切り離されたパーツでも力は釣り合っていなければ静止できないと考えてください。

[例題]

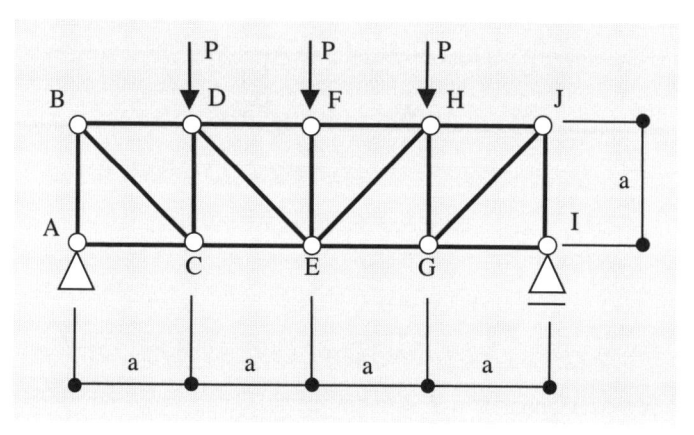

図32　平行弦トラス

■ 反力

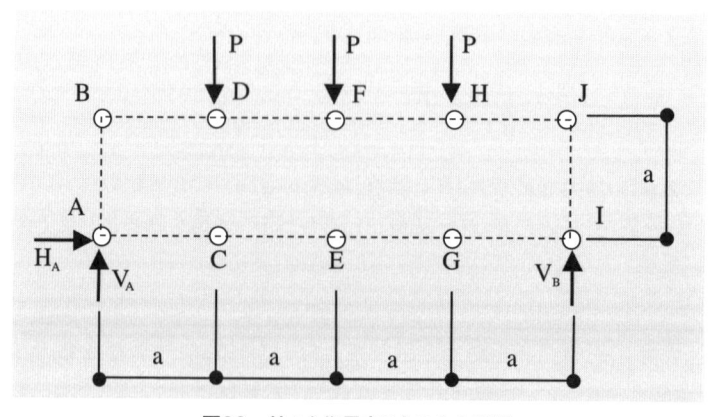

図33　外から作用する力のみの表記

$$\Sigma X = H_A = 0$$

$$\Sigma Y = V_A + V_B - 3P = 0$$

$$\Sigma M_A = -V_B \times 4a + P \times a + P \times 2a + P \times 3a = 0$$

$$V_B = \frac{3}{2}P \qquad \therefore V_A = \frac{3}{2}P$$

仮に、図34にあるように（1）〜（3）部材の軸力を求めるとします。節点法で計算するにはA点からスタートして、B、C、D各点で釣り合いをとっていくことになります。切断法では1つの切り離されたパーツに対して、力の釣り合いをとるのみです。実際にその行程を見ていきます。

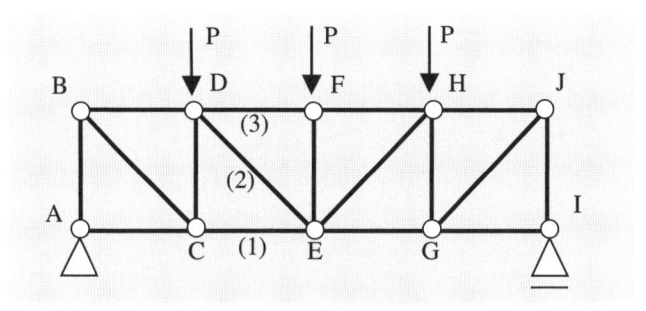

図34　(1)から(3)部材

■ 切離骨組

切り離された骨組の呼称です。トラス構造を切断する際は、図35のようにひと塊になるように切り出すことを心がけてください。

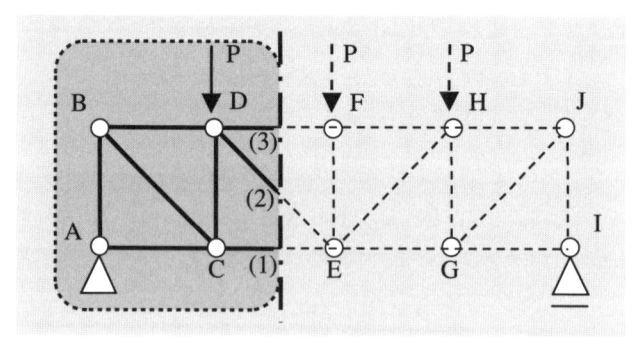

図35 切断面と切離骨組

図35では、(1)、(2)、(3) 部材を横切る切断面（一点鎖線）を仮定しています。これで「切断面に3つの部材の軸力が作用している状況」をつくることができます。具体的には、図36のように描くことが可能です。また、ハッチされた左部分が取り出すひと塊（切離骨組）となります。

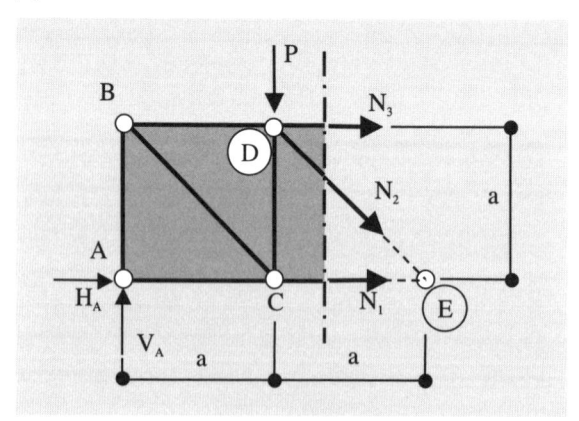

図36 切離骨組

このひと塊のなかで力が釣り合い、静止するという条件の下で釣り合い式を立てます。作用している力は図中のものがすべてです。他の力を考えてはいけません。
水平、鉛直、モーメントの釣り合い式を利用します。特に重要なのが、モーメントの釣り合いとなります。

■ モーメントの釣り合い

力の作用線が通過する点を中心とした式を立てれば、その力のモーメントは0になります。これをうまく利用します。

■ D点を中心としたモーメントの釣り合い

N_2、N_3の延長線（作用線）がD点を通過することはわかると思います。また荷重PもD点に作用しています。すると、次のようにモーメントの式は立てられます。

$$\Sigma M_D = -H_A \times a + V_A \times a - N_1 \times a = 0$$

$$\therefore N_1 = V_A = \frac{3}{2}P$$

N_1だけが未知となる式をつくることができ、簡単にN_1を求めることができました。D点を選べるかどうかが一番重要な点といえます。同じように、もう1点便利な節点が存在します。図36にあるE点です。

■ E点を中心としたモーメントの釣り合い

E点を中心とするモーメントを考えれば、N_1、N_2の作用線がE点を通過することになるので、双方の力によるモーメントは考えなくてよくなります。

$$\Sigma M_E = V_A \times (A) - P \times a + N_3 \times a = 0$$

$$\therefore N_3 = -\frac{3}{2}P \times 2 + P = 2P$$

このように、N_3だけが未知量となる式が得られました。

■ 鉛直方向の釣り合い

最後に、鉛直方向に作用する力を合算しましょう。これによって、N_2が求められます。

$$\Sigma Y = V_A - P - N_2 \times \sin 45° = 0$$

$$\therefore N_2 = \left(\frac{3}{2}P - P\right) \times \sqrt{2} = \frac{\sqrt{2}}{2}P$$

以上で、3つの軸力が3つの式から得られたことになります。節点法を利用する場合と比べると、随分省力化できていると実感できたと思います。

＊切断法を用いる際に重要なことは、下の3点となります。
① 切離骨組のつくり方
② 適切なモーメントの中心を選ぶ
③ 適切な方向の釣り合いをとる

これらは練習（経験）を重ねて磨いていけますので、演習にチャレンジして、ぜひ習得してください。

6 演習問題

次のトラスの軸力を節点法、切断法双方を利用して計算し、軸力図を完成させよ。

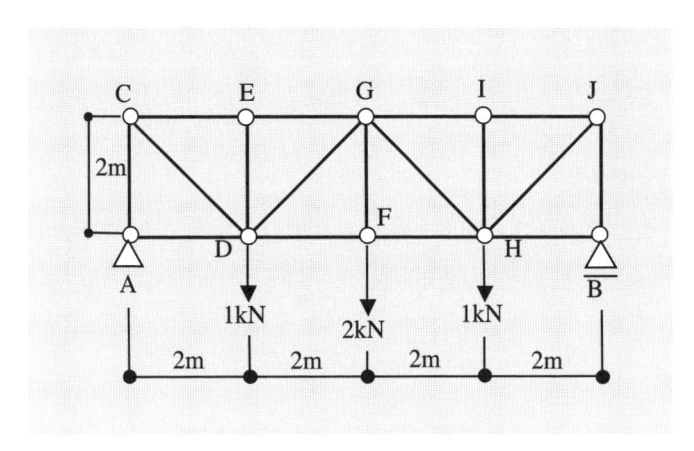

■ **アドバイス**

反力と一部の軸力の計算結果を示しておきます。道標としてください。

- 反力

$$H_A = 0$$

$$V_A = 2kN$$

$$V_B = 2kN$$

- 部材ACの軸力

$$N_{AC} = -2kN$$

- 部材EGの軸力

$$N_{EG} = -2kN$$

曲げと剪断

1 「曲げ」とは

反力の計算の際に取り上げた例題を再び考えましょう。図のような梁が中央に集中力を受けると下のように「曲がる」ことは想像できると思います。

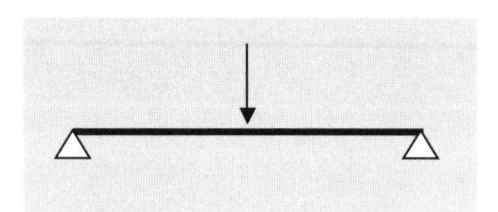

図37　中央集中荷重を受ける単純梁

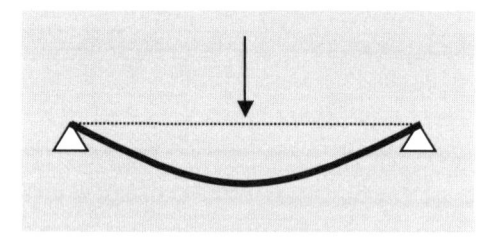

図38　荷重によって曲がった梁

この「曲がり」を生む力が「曲げモーメント」だと考えます。逆の言い方をすれば、曲げモーメントが生じていれば「曲がる」わけです。特に梁は鉛直方向に作用する力によって曲がることが宿命づけられます。それは自身の重さ（自重）自体が下向きに作用するものだからです。したがって、梁では特に曲げモーメントという力がどのように分布しているのかを知っておくことが重要です。梁の曲がり方は大別して次のようになります。

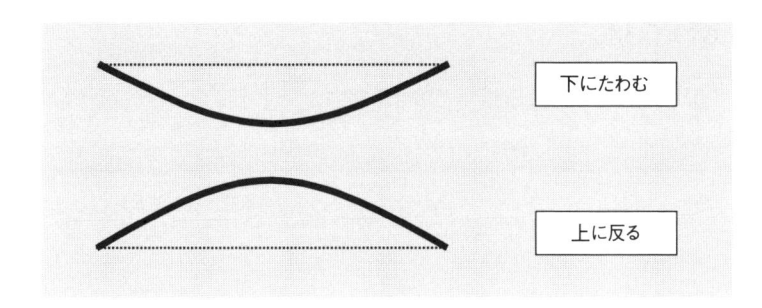

この変形が起こるためには、

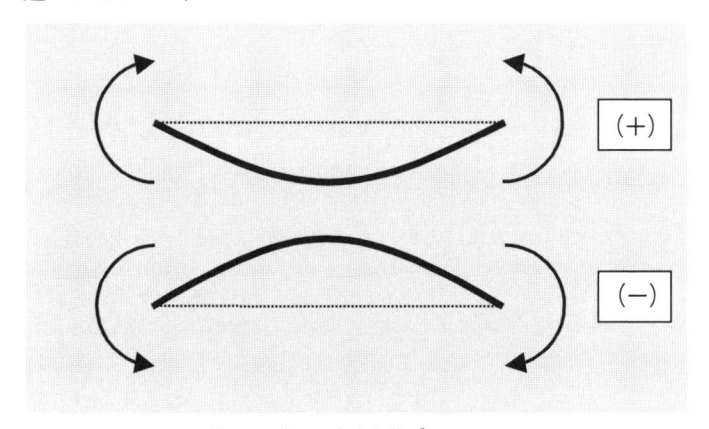

図39　曲がる方向と曲げモーメント

図39のように曲げモーメントが作用することになるわけです。ここで、下にたわむような曲げモーメントを正（プラス）に、上に反るように作用するものは負（マイナス）と決めておきます。梁に発生する曲げモーメントは下にたわませるようなものが多いため、それを正にしておくのだと捉えましょう。

この曲げモーメントは基本的に先に説明したモーメントと同じ方法で計算されます。

2 「剪断」とは

ハサミで紙を切るとき、ハサミから紙へどのような力が伝わっているでしょうか。

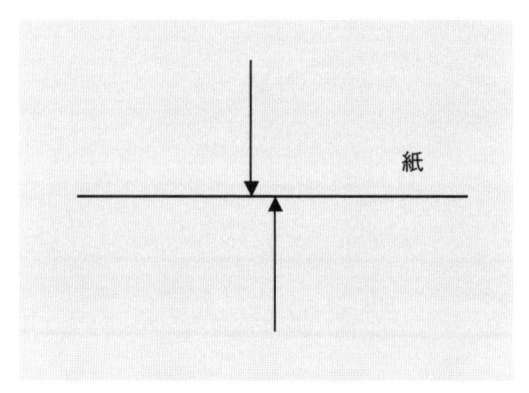

図40 ハサミの刃を受ける紙

上の絵のようにハサミの刃は少しだけずれた状態で紙に当たって、その後、

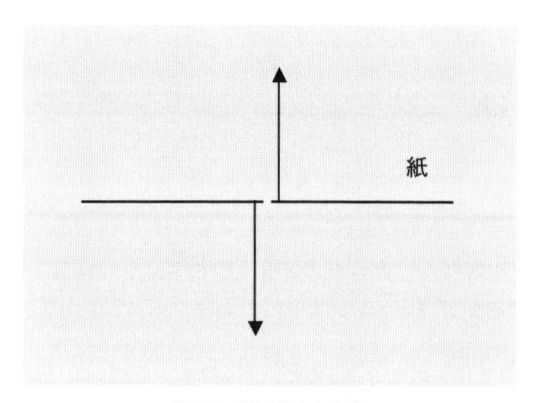

図41 切り離された後

紙がその力に耐えきれず、破断します。このように、互いに反対向きに作用する2つ一組の力が剪断力と呼ばれるものです。ハサミの間の紙片が極めて小さいことはわかると思います。この小さな紙片のことを微小部分と呼びます。一組であることから、英語ではShearing Forceと呼ばれます。また、剪断力は次の2つのパターンで作用することは理解できるでしょうか。

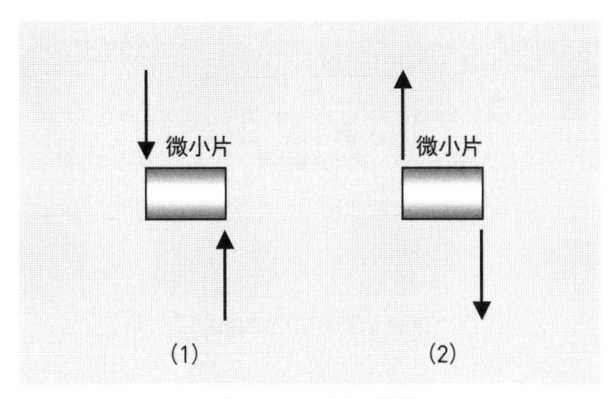

図42 方向の異なる剪断

微小部分の中心を回転中心として、(1) は左回り、(2) は右回りに回る力を発生させます。このテキストでは後者をプラス(+)としていますので、(2)の剪断力を正とします。

図42を見てわかるように、剪断力は梁に対して直交する方向に作用する力と捉えられます。したがって、そのような条件に当てはまる力がどれだけ存在しているのかを加算していくことで剪断は計算できてしまいます。つまり、ある場所での剪断力は、下の図の○の位置に注目しているとすれば、

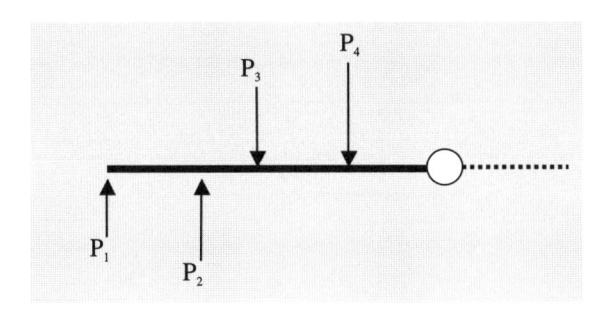

図43 軸に直交方向にはたらく力

$$Q(\bigcirc) = P_1 + P_2 - P_3 - P_4$$

のように○の位置から左にある梁に直交する力を加算し、その結果が○の位置に作用すると考えます。

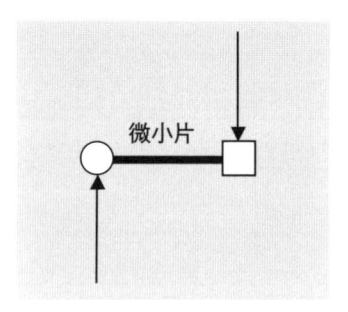

図44　剪断（応）力の考え方

トータルした結果、プラスであったら、○の位置には上向きの力が作用して、微小部分が動かないように抵抗するためには、□に下向きの力が必要になります。その結果、この剪断力はプラスと判断できます。簡易的に○の位置で加算して計算した力の符合をそのまま使ってもよいでしょう。ここで、□の切断面は右を向いていて、○の切断面は左を向いていることに注意しておいてください。力のプラスマイナスは同じ面を基準に設定する必要があります。どちら向きの面に作用しているものを使うかによって方向が逆になるからです。例えば、東京を基準に考えれば、横浜は近隣と呼べますが、京都を基準に眺めれば随分遠い場所となります。これと同じ理屈です。

次のように反力がある場合も同様です。

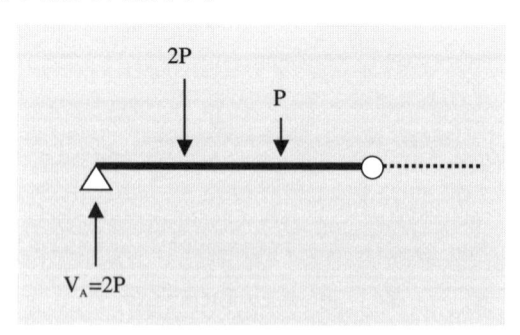

図45　剪断力の計算例

この時、○の位置の剪断力は、

$$Q(\bigcirc) = 2P - 2P - P = -P$$

となります。

反力の計算の際に一度解説した、等分布荷重が作用している場合はどうでしょうか。

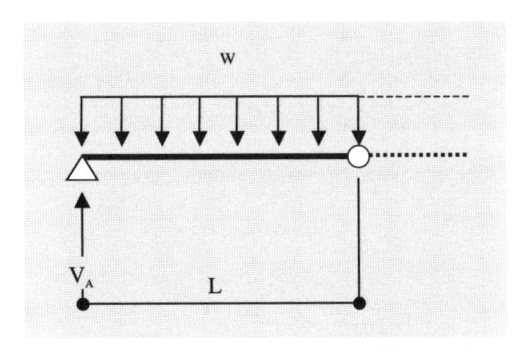

図46　等分布荷重を受ける場合の剪断力の計算

1mあたり、wの荷重がかかっているとします。○の位置から左側に作用している荷重分だけを考えます。すると、Lの長さにわたってwが作用しているので、トータルとして、

$$w \times L$$

の鉛直方向の荷重がこの範囲に作用していることになります。その荷重がLのちょうど中央に作用していると考えてください。

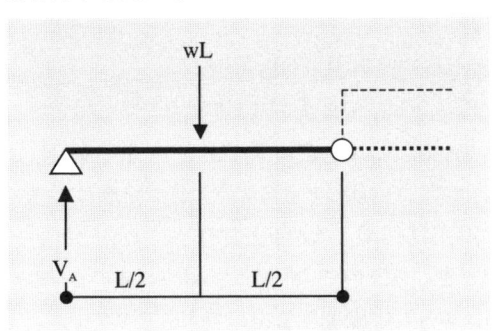

図47　等分布荷重の等価置換

という形に置き換えるわけです。そうすれば、○の位置での剪断力は、○よりも左にある梁に直交する力の総和であるので、

$$Q(\bigcirc) = V_A - wL$$

となります。

ここで挙げた等分布荷重を集中荷重に見立て直す手法を自然に使えるようになるまで、もう1問、練習しておきましょう。

[例題]

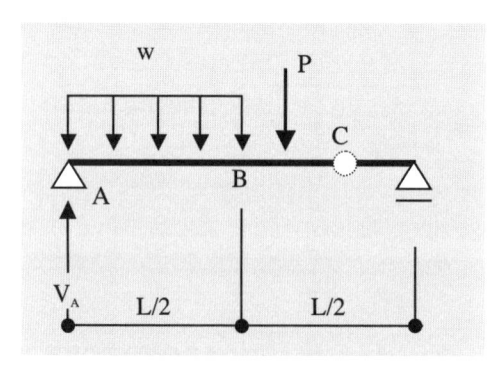

図48　等分布荷重と集中荷重を受ける梁

○の位置つまりC点での剪断力を計算してみましょう。C点から見て左側にある梁に対して直交する力の総合計がC点での剪断力となります。すると、

* A点の反力V_A
* L/2の範囲にわたって作用している等分布荷重w
* 集中荷重P

の3つを合計すればよいことになります。ここで、注意すべきところは、先に述べた等分布荷重の扱いです。単位長さあたりの荷重であるwを集中荷重（力）に変換しておく必要があります。L/2 の範囲に作用しているので、集中荷重に見立て直すと、wL/2となります。これがAB間の中央に作用すると考えます。
また、Pは○の位置より左にあるので、単純に加算されます。そうすれば、C点の剪断力は、○の点から「左側にある梁に直交する力の総和」ですから、

$$Q_C = V_A - \frac{wL}{2} - P$$

となります。PとwL/2は下向きなのでマイナスとなります。
等分布荷重の扱いに自信がついたでしょうか？

梁の応力分布図の描き方

1 応力図の描き順

実際に梁の剪断力分布、曲げモーメント分布を計算結果に基づき描いていきましょう。計算の順序は、

- ① 反力を記入
- ② 反力を計算
- ③ 剪断力を計算
- ④ 剪断力図を描く
- ⑤ 曲げモーメントを計算
- ⑥ 曲げモーメント図を描く

となります。

2 例題から学ぶ

[例題1]

下の図は単純梁と呼ばれるものです。既に反力の計算の際に例題として取り上げていましたが、ピン支持とローラー支持によって支えられています。外から作用している力がPであり、梁の中央に作用しています。

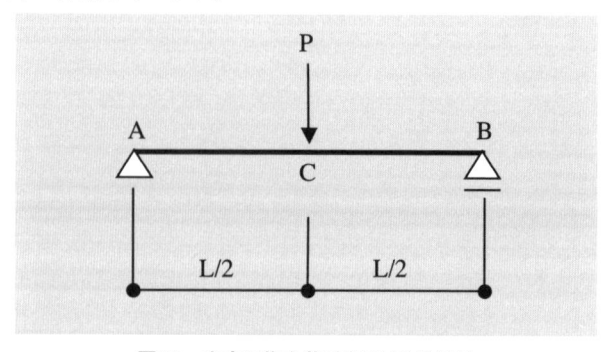

図49 中央に集中荷重を受ける単純梁

1)反力を記入

反力は図の通りに3つとなります。

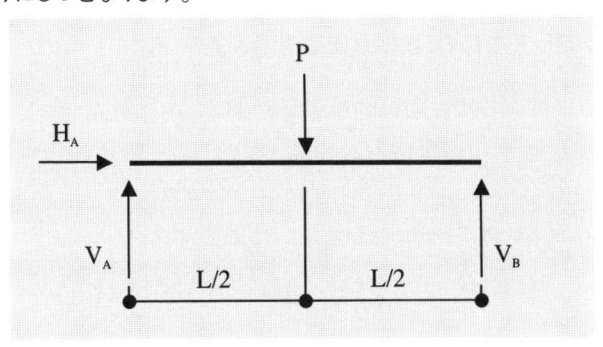

図50 反力の記入

使用する力はあくまで上にある4つとなります。他の力を無理に作用させないでください。反力を記入してしまえば、支持条件は取り除いてもかまいません。

2)反力の計算

$$\Sigma X = H_A = 0 \quad ①$$

$$\Sigma Y = V_A + V_B - P = 0 \quad ②$$

$$\Sigma M_A = P \times \frac{L}{2} - V_B \times L = 0 \quad ③$$

その結果、

$$H_A = 0、\quad V_A = \frac{P}{2}、\quad V_B = \frac{P}{2}$$

となります。

3）剪断力の計算

（1）A点から計測して右にxだけ離れた点を考える

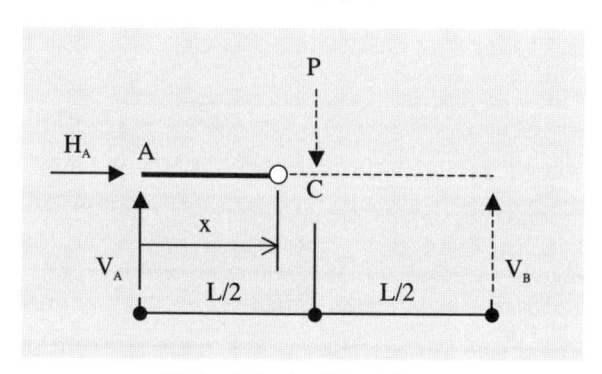

図51　支点からの距離xを考える

この xの位置を梁のなかの「任意の点」と考えます。自身で勝手に位置づけた点ゆえに「任意」と呼びます。破線になっている部分はゴーストです。これらは応力の計算には配慮しない部分や力となります。

（2）xから左にある梁に垂直な力を合算する

xがAからCの間にある場合、C点を越えなければx点より左には、V_Aのみが梁に垂直な力として作用しています。
よって、その区間の剪断力は、

$$Q(x) = V_A = \frac{P}{2} (\text{AC区間})$$

となり、xの移動範囲は $0 \leq x \leq L/2$ となります。
ここで、xはL/2まで到達すると表現しておきます。これは、x=L/2 において、剪断力の値が2つ存在すると捉えるためです。ちょうど、Cの位置とxの位置が一致すると、Pを剪断力の計算に加算することも、しないこともできると考えるのです。そこで、x がCからBの範囲に入ってきたとしましょう。再度図解しておきます。

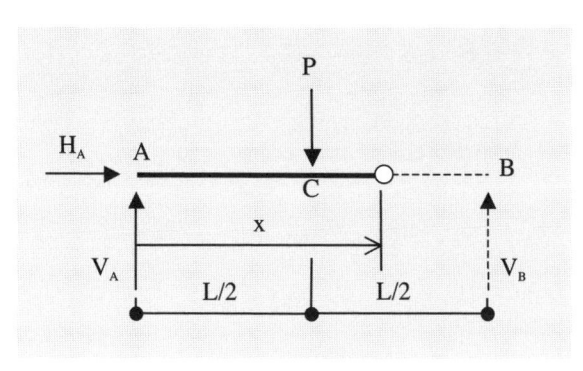

図52　xがC点を越える範囲に入った場合

この区間の剪断力は、

$$Q(x) = V_A - P = -\frac{P}{2} \quad （CB区間）$$

となり、$L/2 \leq x \leq L$ が移動範囲です。

4）剪断力図

剪断力図（Shearing Force Diagram）は計算結果をそのままグラフ化するのみです。$0 \leq x \leq L/2$ の範囲と $L/2 \leq x \leq L$ の範囲で異なる値となっています。梁をx軸と見て、（+）は上に、（−）は下に描きます。

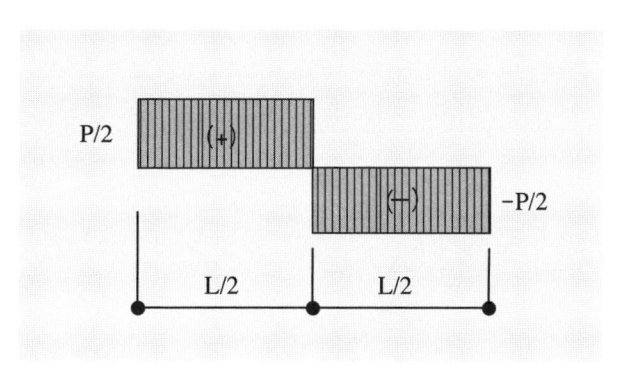

図53　剪断力図（S.F.D.）

xに対して、いずれも一定の値、P/2、−P/2となりますから、x軸に平行なグラフとなります。先に断ったように、C点では、P/2、−P/2のいずれの値もとり得る図となります。
以降、図のタイトルでは、剪断力図を「S.F.D.」と略記します。

5) 曲げモーメントの計算

(1) 剪断力を計算した際と同じ図が利用できる

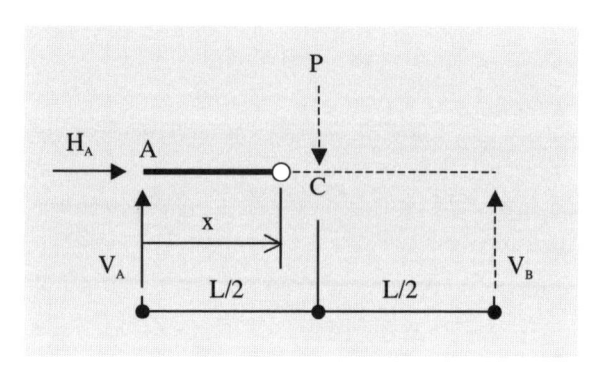

図54　任意の距離xをとる

剪断力の計算に用いた図と同じです。この xの位置を梁のなかの「任意の点」と考えます。xは、A点を0として、B点でLとなるパラメータです。

(2) xから左にある力に注目して、x点を中心としたモーメントを合算

x点より左にある力はH_AとV_Aです。xがC点を越えてしまうと、C点に作用しているPもxより左となります。剪断力の場合と同じく、AC間とCB間で計算結果が異なることになります。

■ (AC間)

H_Aの作用線はx点を通過するために、モーメントのアームが0であることがわかります。V_Aによるモーメントは、

$$M(x) = V_A \times x = \frac{P}{2}x$$

となり、xの移動範囲は $0 \leq x \leq L/2$ となります。

■ (CB間)

x がCからBの範囲に入ってきたとします。図55に新たな情報が書き加えられています。

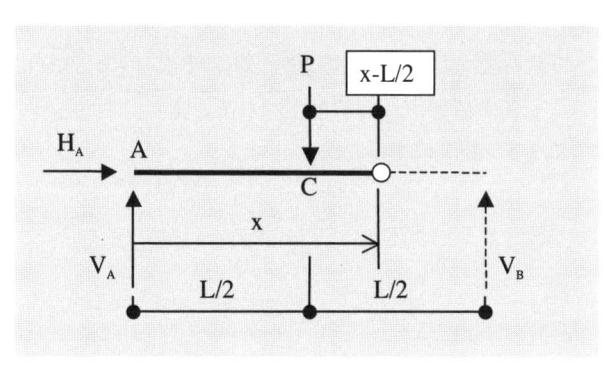

図55　Pのアームが描き加わった図

Pの作用しているC点からxまでの距離が加えられています。これが、Pが○の位置を中心に回転する力を発揮するときのアームになります。V_AとH_AによるモーメントはAC間と同じで、それに、

$$-P \times \left(x - \frac{L}{2}\right) \quad :反時計回り$$

が加わることになります。よって、

$$M(x) = V_A \times x - P \times \left(x - \frac{L}{2}\right)$$
$$= \frac{P}{2}x - Px + \frac{PL}{2}$$
$$= \frac{P}{2}(L - x)$$

となり、$L/2 \leq x \leq L$ が移動範囲です。

6) 曲げモーメント図

剪断力図の場合と同様に、梁の形そのままをx軸と考えてグラフを描いてみます。ここで、曲げモーメントは梁が曲がっている、反っている方向に描き込むことに注意します。今回、梁は次のように変形するであろうことは想像できるでしょうか。

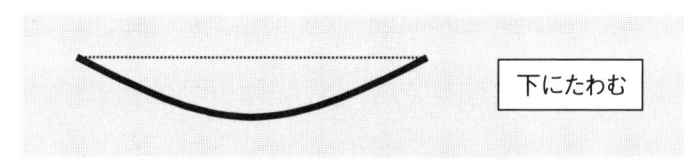

下にたわむ

図56　中央集中荷重を受けた梁の変形

この場合、梁の下側にモーメント分布図は描かれます。逆方向に反っていれば上側となるわけです。このテキストでは、下にたわむように変形するモーメントが作用した場合、曲げモーメントの値はプラスの値をとるように定義されていますので、M (x)の値がプラスなら梁の下にくるようにグラフを作成することになります。

xに実際の値を代入して、A、B、C点の曲げモーメントを計算してみましょう。

■ (AC区間)

(A点)　$x = 0$　　　$M(0) = 0$

(C点)　$x = \dfrac{L}{2}$　　$M(\dfrac{L}{2}) = \dfrac{PL}{4}$

■ (CB区間)

(C点)　$x = \dfrac{L}{2}$　　$M(\dfrac{L}{2}) = \dfrac{PL}{4}$

(B点)　$x = L$　　$M(L) = 0$

と計算できます。いずれの区間でもxの一次式ですから、直線状のグラフとなります。

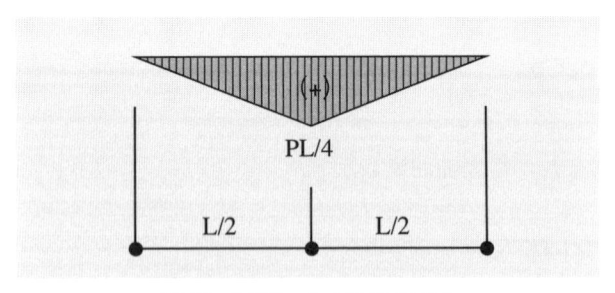

図57　曲げモーメント図 (B.M.D.)

図57のような曲げモーメント図 (Bending Moment Diagram) が描けます。
以降、図のタイトルでは、曲げモーメント図を「B.M.D.」と略記します。

[例題2]

次に、自重を配慮した片持梁を考えます。自重は梁のどの部分にも均等であるため、等分布荷重としてモデル化されることは以前の例題でも記した通りです。下の図のようになります。

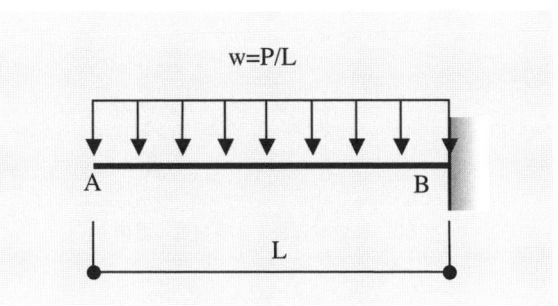

図58　等分布荷重を受ける片持梁

A端が自由でB端が固定されているとします。固定端が逆の場合でも問題はありませんが、今回解説している解法では注目点から左側にある力のみで応力図をつくるようにしていますので、この形式であれば応力計算が簡易になります。
つまり、一番右側にある反力を計算することなく応力の計算ができるわけです。では、その行程を追っていきましょう。

1) 反力を記入

反力は図中の通りに3つとなります。

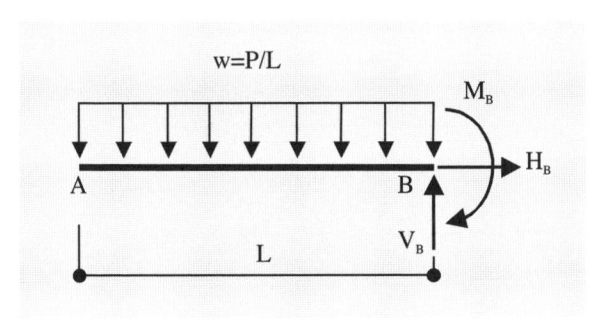

図59　片持梁の反力

2）反力の計算

反力を計算する場合は、次のようにモデル化することになります。

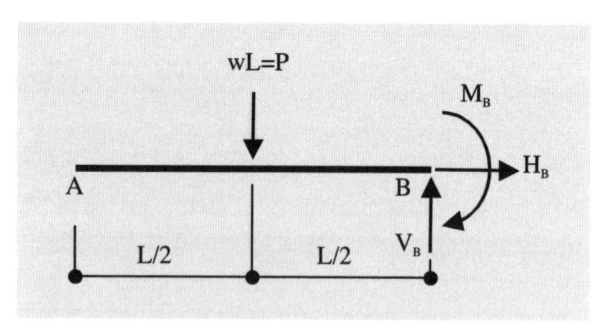

図60　等分布荷重を集中荷重に置換

$$\Sigma X = H_B = 0 \quad \text{①}$$

$$\Sigma Y = V_B - P = 0 \quad \therefore V_B = P \quad \text{②}$$

$$\Sigma M_B = -P \times \frac{L}{2} + M_B = 0 \quad \therefore M_B = \frac{wL^2}{2} \quad \text{③}$$

先にも説明したように、応力分布を計算する際に、反力は用いませんので、上の計算はあくまで計算例題となります。

3）剪断力の計算

（1）A点から計測して右にxだけ離れた点を考える

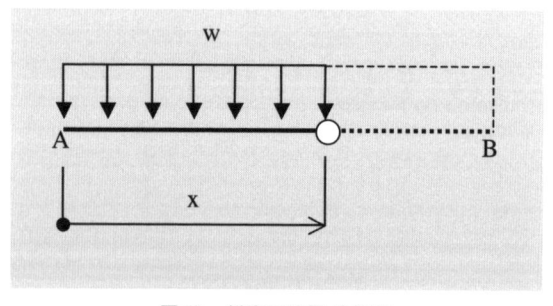

図61　任意の位置xを仮定

(2) xから左にある梁に垂直な力を合算する

xがどこに移動しても、そのxの範囲に作用している分布荷重を反力の計算時と同様に集中荷重に見なして計算します。

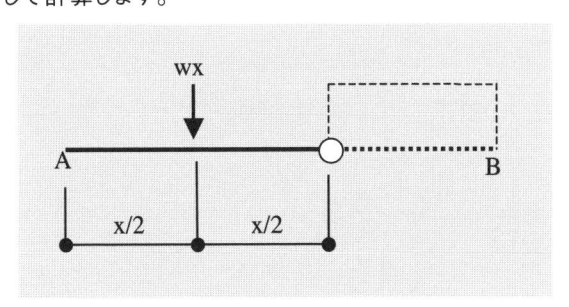

図62　等分布荷重を集中荷重へ置換

上の図がxの位置で配慮しなければならない力のすべてです。この図を見て、xの位置より左側にある梁に直交する力つまり剪断力は、wxのみです。よって、

$$Q(x) = -wx \qquad (0 \leq x \leq L)$$

図からわかるとおり、xの位置が移動してB点に達するまで左側にある力はwxのみです。したがって、上の剪断力分布の式は梁の全域にわたって使用できます。

4）剪断力図

グラフを描いてみましょう。

$$x = 0 \quad で \quad Q(0) = 0$$
$$x = L \quad で \quad Q(L) = -wL$$

となり、xの一次関数であることから、

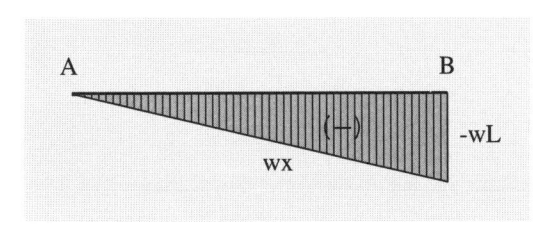

図63　S.F.D.

のように、A点で0、B点で−wLとなるように直線を引きます。負の値ですから、梁より下に描くことになります。

5) 曲げモーメントの計算

剪断力の計算の際に用いた図がそのまま利用できます。

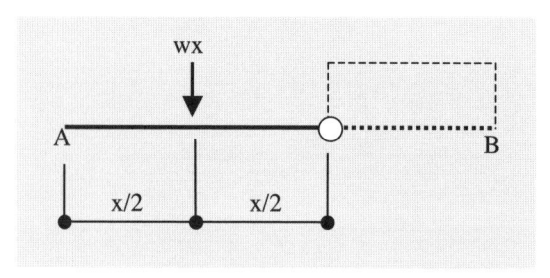

図64　xを中心とした曲げモーメントを考える

xの点から左側にある力はwxのみです。しかも、剪断力の計算時と同様に、xの位置がAからBに移動する間、この状態は変化しません。xの点を中心とするモーメントは、力がwx、アームの長さがx/2、回転方向は反時計回りとなります。よって、

$$M(x) = -wx \times \frac{x}{2} = -\frac{wx^2}{2} \qquad (0 \leq x \leq L)$$

となります。二次関数となりますが、恐れることはありません。

6) 曲げモーメント図

曲げモーメントが二次関数となったことで、少しだけ計算量が増えます。xには次のように値を入れてみます。

$$x = 0 \quad で \quad M(0) = 0$$
$$x = \frac{L}{2} \quad で \quad M(\frac{L}{2}) = -\frac{wL^2}{8}$$
$$x = L \quad で \quad M(L) = -\frac{wL^2}{2}$$

中間点であるx=L/2の値を計算しておくことでグラフが描きやすくなったはずです。曲げモーメントの場合、負の値は梁の線の上に描くことになりますから、

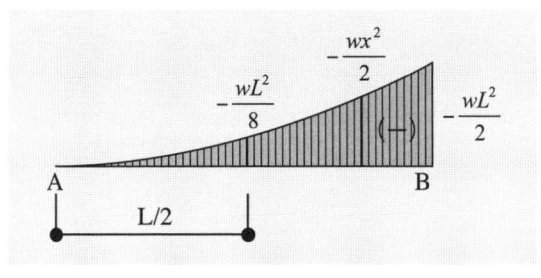

図65　二次関数のB.M.D.

と、二次曲線を表現します。中央の値を考えれば、曲線が上に凸でなく、下に凸になることがわかります。

より正確に図示するためには微分の力を借りて、A点での傾き、中央点での傾き、B点の傾きを分析します。モーメント分布の関数を微分してみましょう。

$$\frac{dM(x)}{dx} = -wx$$

実は、この曲げモーメント分布を微分すると剪断力分布になります。その証明はもう少し先にすることにして、結果を見てもらうと、$Q(x) = \frac{dM(x)}{dx}$ が成り立っていることがわかると思います。

さて、A点の傾きはこの関数にx=0を代入します。

$$R_A = \frac{dM(0)}{dx} = 0$$

そして、中央点では、

$$R_C = \frac{dM(L/2)}{dx} = -\frac{wL}{2}$$

さらにB点では、

$$R_B = \frac{dM(L)}{dx} = -wL$$

各々の傾きを各々の点に描いてみましょう。A点は水平、C点での傾きを適当に決め、その傾きの倍の傾きをB点に描き込めばよいわけです。

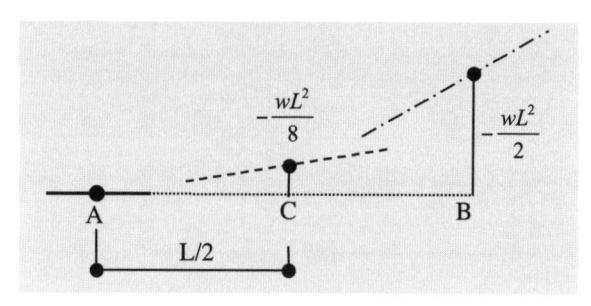

図66　二次曲線の描き方例

　これでおおよその曲線の形が描けていることがわかるでしょうか。これに接するように曲線を描けば、より正確なバランスの曲線を描くことができます。微分を学んでいれば、この説明が最もスマートだともいえますが、最初に説明した描き方でも実用上問題ありません。上に凸か、下に凸を見分けられれば十分といえます。

[例題3]

少し複雑な例題を紹介しておきます。
半分だけに三角形分布の荷重が作用している状態を考えます。

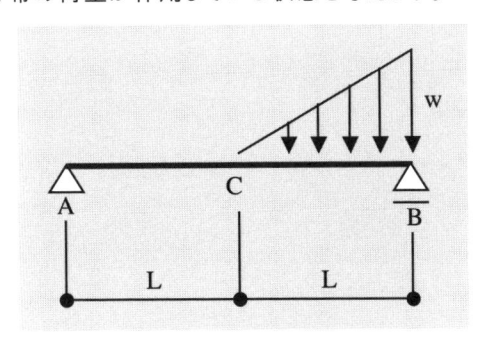

図67　三角形分布状の荷重を受ける単純梁

三角形状に分布する荷重は、雪の一部が滑落した状態であったり、土の圧力を受けたりする場合などが想定できます。

1) 反力を記入する

等分布荷重の場合に説明した通り、この分布形の図心の位置に集中荷重を想定して、反力を計算します。

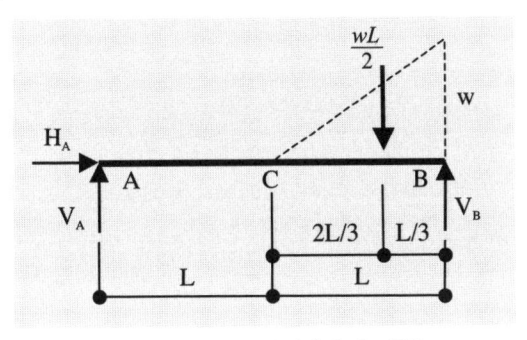

図68　反力の記入と分布荷重の置換

三角形状なので、全荷重は、等分布（四角形状になっている）の場合の半分になります。

$$w \times L \times \frac{1}{2} = \frac{wL}{2}$$

これは、底辺w、高さLの三角形の面積に相当します。作用する位置は、この三角形の図心の位置となりますから、wを底辺とみて、図のようにB点からL/3の位置となります。

2）反力

上図の梁に作用する矢印で描かれた力のみを考えて、反力を計算すればよいわけです。

$$\Sigma X = H_A = 0 \quad \text{①}$$

$$\Sigma Y = V_A + V_B - \frac{wL}{2} = 0 \quad \text{②}$$

$$\Sigma M_A = \frac{wL}{2} \times \frac{5L}{3} - V_B \times 2L = 0 \quad \text{③}$$

$$V_B = \frac{5wL^2}{6} \times \frac{1}{2L} = \frac{5wL}{12}$$

$$\therefore V_A = \frac{wL}{2} - V_B = \frac{wL}{12}$$

3）剪断力

A点からスタートして分布荷重が作用し始めるC点に達するまでは、その点から左側に存在する梁に直交する力は、V_Aのみです。

■ AC間

$$Q(x) = V_A = \frac{wL}{12} \quad (0 \leq x \leq L/2)$$

問題は、C点からB点の間を移動している際の考え方ですが、これは等分布荷重の場合と同じです。今度は対象が三角形になるわけです。

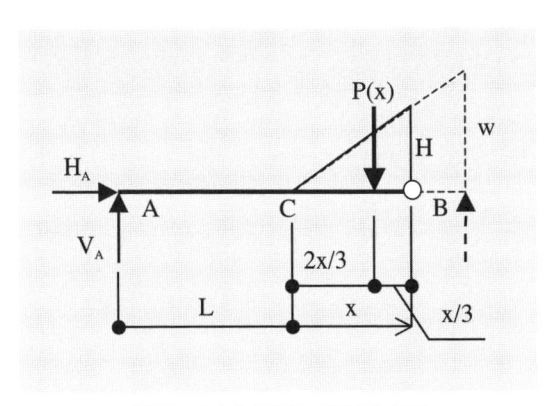

図69 C点から距離xを配慮した図

A点からxを計測すると式が少し複雑になりますので、C点からxを計測してみましょう。この場合、

x=0 でC点
x=L でB点

となります。
対象となる部分を集中荷重に置き換えるには、三角形の面積を計算することになりますが、C点からx移動した位置の高さHが必要になります。これは、

x=0のとき　高さH=0
x=Lのとき　高さH=w

と考えると、任意の値xの場合、

$$H(x) = \frac{wx}{L}$$

となります。上の2つの条件を満たす一次関数を誘導したのです。

$$H(x) = ax + b$$
$$H(0) = a \times 0 + b = 0 \quad ①$$
$$H(L) = a \times L + b = w \quad ②$$

①より、b=0
②にb=0を代入して、$a = w/L$

よって、置き換える集中力は、

$$P(x) = x \times \frac{wx}{L} \times \frac{1}{2} = \frac{wx^2}{2L}$$

となります。これが、そのままCB間の剪断力にも反映されます。

■ CB間

$$Q(x) = V_A - \frac{wx^2}{2L}$$
$$= \frac{wL}{12} - \frac{wx^2}{2L}$$
$$= \frac{w}{2}\left(\frac{L}{6} - \frac{x^2}{L}\right)$$

とxに関する二次関数となります。

4) 剪断力分布図

C点での剪断力は、x=0の地点であって、

$$Q(0) = \frac{wL}{12}$$

B点つまり、x=Lの位置であれば、

$$Q(L) = -\frac{5wL}{12}$$

また、C、Bの中間点では、

$$Q(\frac{L}{2}) = -\frac{wL}{24}$$

となります。つまり、xが移動することによってQ（x）が0となる点があることは理解できると思います。その点は、Q（x）=0の場合のxを求めればよいわけで、

$$Q(x) = \frac{w}{2}\left(\frac{L}{6} - \frac{x^2}{L}\right) = 0$$

$$\left(\frac{L}{6} - \frac{x^2}{L}\right) = 0$$

$$x^2 = \frac{L^2}{6}$$

$$x = \pm\frac{L}{\sqrt{6}} \approx \pm\frac{L}{2.45} \approx \pm 0.4L$$

となり、中間点よりやや手前で0となります。もちろん、マイナスの値は採用しません。すると、図70に示すように剪断力分布図が作成できます。

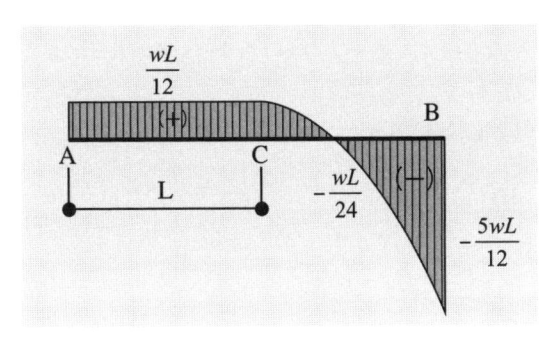

図70　S.F.D.

このように分布形状をていねいに分析して、構造物の特性を把握していくことを「構造解析」と呼びます。近年では、コンピュータを用いて構造物を「解析」する際にその言葉が用いられることが多くなっています。それは、コンピュータによる計算結果が手計算より細かい結果を提示してくれるため、結果をていねいに分析できることからも頷けます。逆に、コンピュータアプリケーションによる結果を分析できる能力が技術者には必要です。アプリケーションに与える条件を誤ると間違った結果が排出されます。それを見抜けるようにならないと人の生命を預かる構造設計はできません。

5）曲げモーメント

■ AC間

剪断力を計算した際に作成した同じ図（図68）を用います。
AC間では剪断力と同様に三角形分布の荷重は関与してきませんので、

$$M(x) = V_A \times x = \frac{wL}{12}x$$

■ CB間

剪断力を計算した際に作成した同じ図を用います。したがって、C点からxの距離をとることになります。
C点からxの距離にある点をモーメントの中心として定め、V_Aによるモーメントを計算しようとすると、アームの長さは（L+x）となることはわかるでしょうか。一方の $wx^2/2L$ という三角形分布の荷重を置き換えた集中力はxの点までx/3離れていますから、

$$M(x) = V_A \times (L+x) - \frac{wx^2}{2L} \times \frac{x}{3}$$

$$= \frac{wL^2}{12} + \frac{wL}{12}x - \frac{wx^3}{6L}$$

$$= \frac{w}{6}\left(\frac{L^2}{2} + \frac{xL}{2} - \frac{x^3}{L}\right)$$

という、3次関数となります。
なるべく簡単に図を描くには、要所での曲げモーメントを求めてみることがよいです。

C点	x=0	$M(0) = \dfrac{wL^2}{12}$
B点	x=L	$M(L) = 0$
BCの中間点	x=L/2	$M\left(\dfrac{L}{2}\right) = \dfrac{5wL^2}{48} \approx 0.104wL^2$

これらをプロットしてみると、モーメント図の概形図になります。

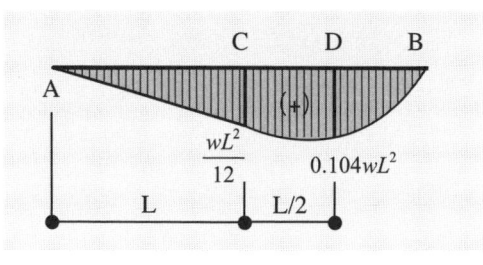

図71　B.M.D.

本来は、モーメント分布の関数を微分して、

$$\frac{dM}{dx} = \frac{wL}{6}\left(\frac{1}{2} - \frac{3x^2}{L^2}\right) = 0$$

これは、モーメント分布の傾きがフラットになる条件です。
つまり、この式を満たすことで、モーメントは最大値をとることになります。
＊正確には極大値あるいは極小値となります。数学の知識が十分な読者はそのように読み替えてください。xについて解いてみると、

$$x = \frac{L}{\sqrt{6}} \approx 0.41L$$

となります。つまり、A点から$L/\sqrt{6}$の位置で曲げモーメントは最大になり、

$$M_{max} = \frac{wL^2}{6}\left(\frac{1}{2} + \frac{1}{3\sqrt{6}}\right) \approx 0.106wL^2$$

と得られます。これは図70に示したD点よりもやや左に最大値が生じる位置があることを示しています。

3　演習問題

次の梁の剪断力、曲げモーメントを計算し、剪断力図、曲げモーメント図を完成させよ。

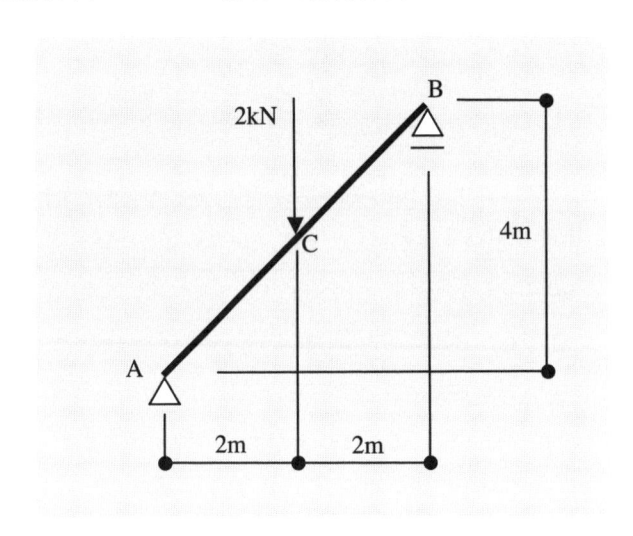

■ アドバイス

* 梁が傾いていようが、反力はそのまま計算できます。
* 剪断力は梁に対して「垂直」にはたらくものです。梁に垂直な力を見つけるためには、反力と外力2kNを分解する必要があります。
* 力の分解ができれば、剪断力分布、曲げモーメント分布はその分解した力に対して計算することで得られます。

フレームの応力分布図の描き方

1 部材軸のとり方

考え方は梁の場合と同じです。梁がつながってでき上がったものだと考えましょう。一方で、梁が水平に設置された場合と異なり、垂直に配置されたもの（柱）や、斜めになった部材も接続されえます。ただし、各々の部材の材軸方向（長さ方向）を改めて梁のx方向と見なすことで、計算方法に違いがないことを確認できると思います。フレームの形式を図72に示しておきます。建築物の基本的な形ともいえます。

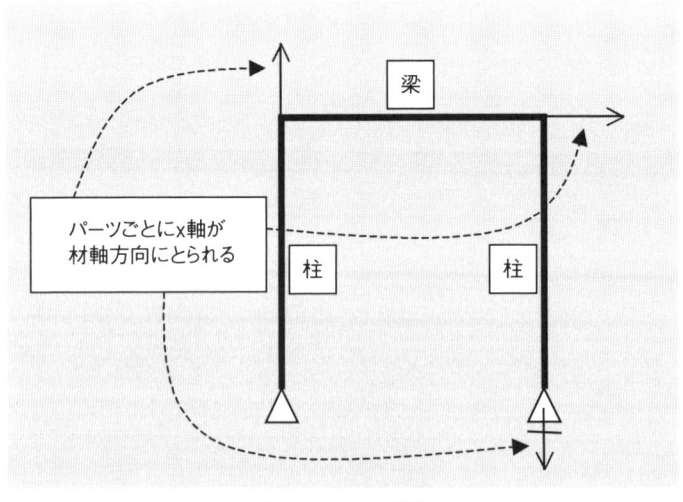

図72 フレーム構造

2　例題から学ぶ

早速、例題を見てみましょう。2本の部材からなるフレームです。

［例題1］

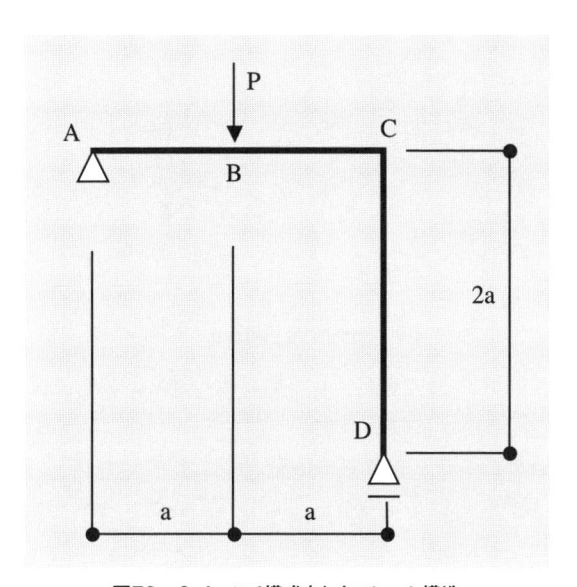

図73　2パーツで構成されたフレーム構造

AC区間は梁と変わりなく、C点にCDという柱が接続されています。CD部材についても剪断力と曲げモーメント分布を求める必要があります。先に概説した通り、CD部材でもx軸を設定して、梁と同じように計算するだけです。

1）反力を記入する

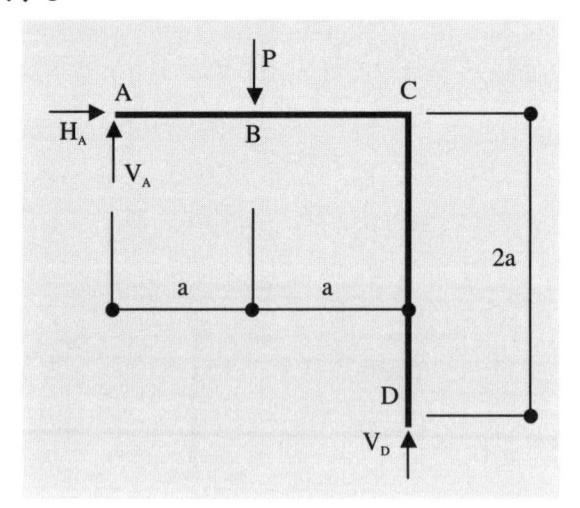

図74　反力の記入

今までの例題と同じように、反力を記入します。繰り返しますが、ここで誤った反力を記入すると適切な応力図を描けなくなります。

A点がピン支持、D点がローラー支持ですから、Aには水平反力H_Aと、鉛直反力V_A、Dには鉛直反力V_Dが入ります。

2）反力の計算

再度注意しますが、フレームの形がどんなに複雑になっても、計算方法は変わりません。図を見ながら、力とその作用している位置、方向を確認しつつ、釣り合い式をつくっていきます。

$$\Sigma X = H_A = 0$$

$$\Sigma Y = V_A + V_D - P = 0$$

$$\Sigma M_A = P \times a - V_D \times 2a = 0$$

$$\therefore V_D = \frac{P}{2} \quad \text{したがって、} V_A = \frac{P}{2}$$

柱が入ってきても、あくまでモーメントは力の作用線にモーメントの中心から垂線を下ろしたその距離がアームになることを再確認しておきましょう。

3）部材軸の設定

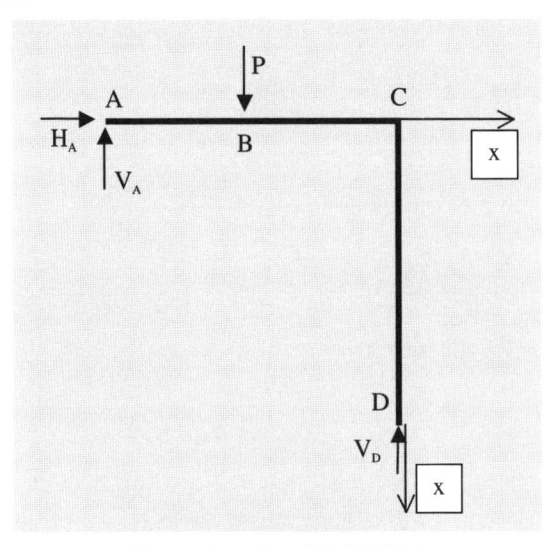

図75　パーツごとに部材軸を考える

AC部材、CD部材に対して各々x軸を設定します。ここで、AC区間は途中に集中荷重Pが作用しているB点が存在しますので、応力計算をする際に区間を、AB間とBC間に分割します。このようにして、計3区間について応力を計算していきましょう。各々の区間に対して、剪断力、曲げモーメントを一緒に計算してみます。

4）AB間

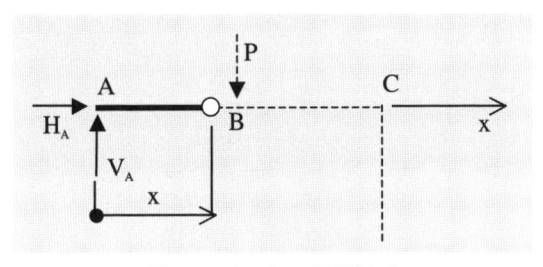

図76　A点からxの距離をとる

破線になっている部分は例によってゴーストで、計算の対象外です。

■ 剪断力

○よりも左にあるABに垂直な力の合計です。

$$Q(x) = V_A = \frac{P}{2}$$

■ 曲げモーメント

○より左にあり、○を中心に回転する力の合計です。

$$M(x) = V_A \times x = \frac{P}{2}x$$

> *再度、注意事項です。
> この段階でも、反力をV_Aの表現のままで各々の応力を計算しています。これは万一、反力の計算を間違えてしまった場合でもやり直しが簡易になる配慮でした。反力の計算を間違えていたとしても、$M(x) = V_A \times x$ は間違っていないのです。そこに改めて計算したV_Aを代入すればそれだけで式を訂正できます。

5）BC間

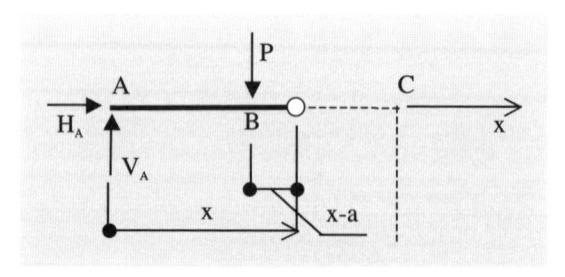

図77　BC間にxが到達した場合

■ 剪断力

$$Q(x) = V_A - P = -\frac{P}{2}$$

■ 曲げモーメント

$$M(x) = V_A \times x - P \times (x-a) = P(-\frac{x}{2}+a)$$

6）CD間

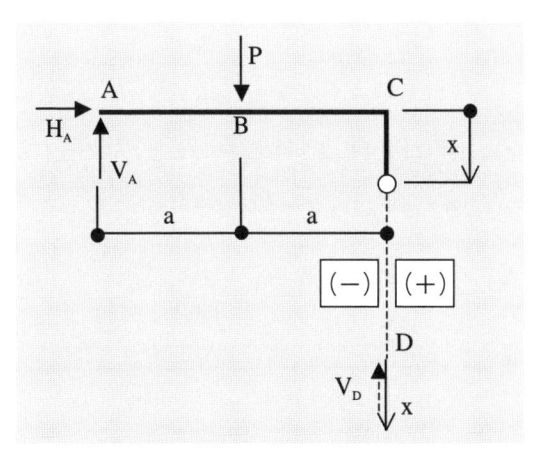

図78　CからDに向かってx軸をとる

さて、この区間はCからDに移動していく区間となります。そのまま、CからDに向かって、x軸を設定しましょう。一番右端に位置するV_Dは最後までゴーストです。

■ 剪断力

CD部材がx軸の正の方向を右にして水平になったとしたら、図のように上下が決まることになります。剪断力は上向きで（+）、下向きで（−）としましたから、図の方向にしたがって、正負をつけることになります。

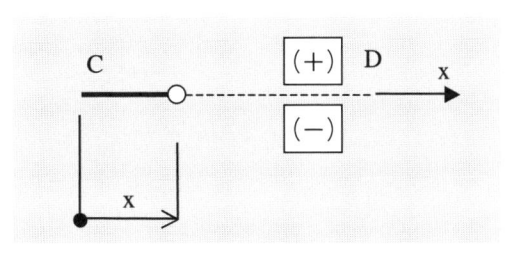

図79　CD部材をx軸に対して水平に置く

さらに重要なのは、剪断力はあくまで「CDに対して垂直にはたらく力の合算」だということ

です。そして、○の位置より左側、フレームの場合は既にたどってきたルートACも含まれ、その範囲に作用している力をすべて考慮します。
そうすれば、CDに垂直な力は、H_Aのみとなり、

$$Q(x) = H_A = 0$$

であることがわかると思います。

■ 曲げモーメント

曲げモーメントは剪断力と異なり、そのまま回転中心を考えてアームをとり、

$$M(x) = H_A \times x + V_A \times 2a - P \times a = 0$$

とできます。一つひとつの項を図を見ながら、ていねいに追いかけてみてください。
曲げモーメント図は下に（+）で描きますから、梁の場合と同様に、図における下側が（+）になることを再度留意してください。

7）剪断力図と曲げモーメント図

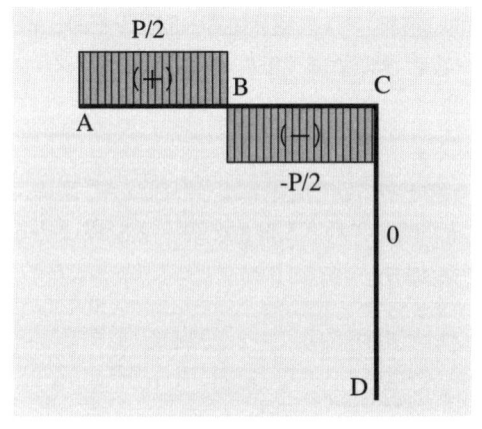

図80　S.F.D.

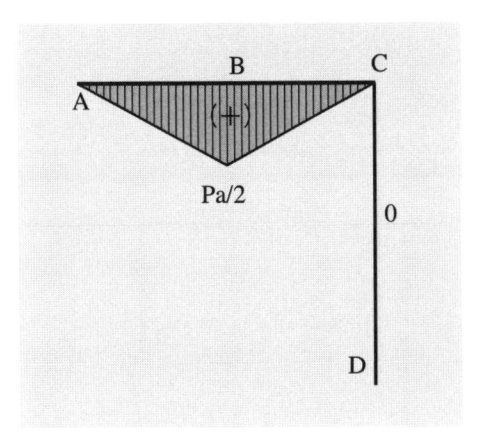

図81　B.M.D.

図を描くまでもなく、CD部材には剪断力も曲げモーメントも伝わらない構造物になっていたことがわかったと思います。今回の例題は特殊なもので、CD部材が軸力のみを伝える部材となってしまっていますが、応力図を描く上では、この例題内で示してきた正負を配慮して、部材のどちら側に応力図を描くべきかを理解しておいてください。

[例題2]

片持型フレームの例題です。
こちらは飛行機の格納庫のようなものを断面的に見たものだと思ってください。

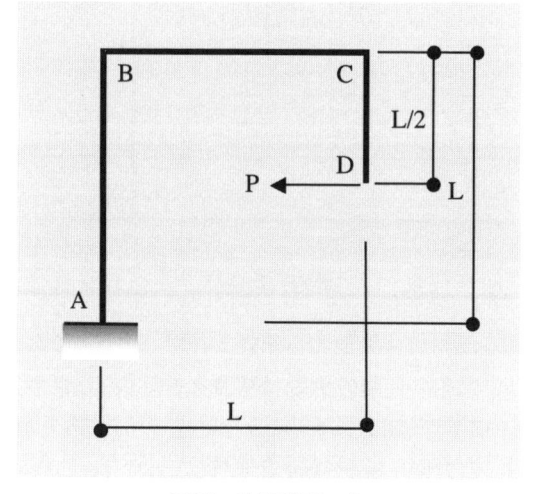

図82　片持型フレーム

1) 反力の記入

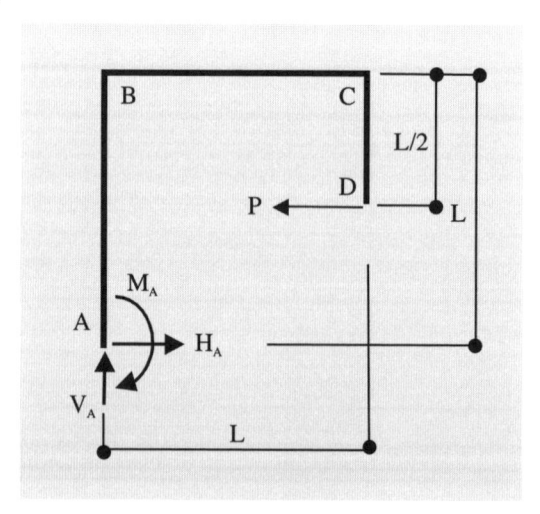

図83　反力の記入

2) 反力

$$\Sigma X = H_A - P = 0 \qquad \therefore H_A = P \qquad ①$$

$$\Sigma Y = V_A = 0 \qquad ②$$

$$\Sigma M_A = M_A - P \times \frac{L}{2} = 0 \qquad \therefore M_A = \frac{PL}{2} \qquad ③$$

3) 部材軸の設定

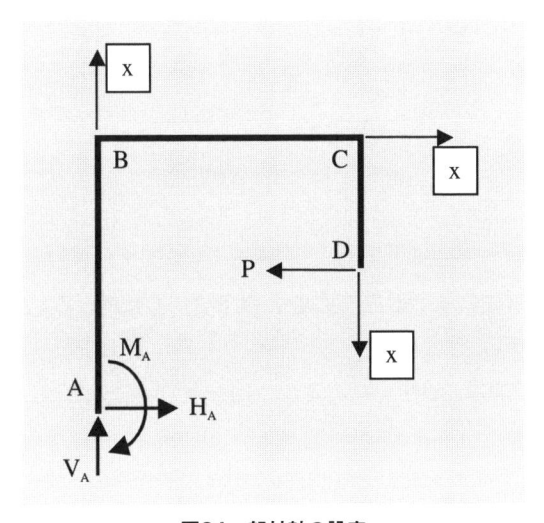

図84 部材軸の設定

部材軸の設定を誤ると、剪断力、曲げモーメント分布を描き込む箇所が反対になりますので、再度注記しておきます。原則として、左から時計回りにとっていけば問題ありません。

4）AB間

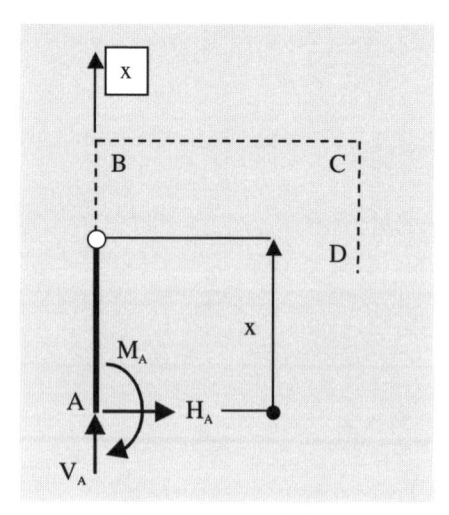

図85　A点からxの距離をとる

■ 剪断力

○よりも左にあるABにあくまで垂直な力の合計です。したがって、V_Aは該当せず、H_Aのみが剪断力となります。

$$Q(x) = -H_A = -P$$

■ 曲げモーメント

○より左にあり、○を中心に回転する力の合計です。[A]には何が入るでしょうか。

$$M(x) = -H_A \times x + [A] = -Px + \frac{PL}{2} = \frac{P}{2}(-2x + L)$$

[A]に入るものが判然としなかった人は、おそらく力と距離の乗算によってモーメントは計算されるという意識が強すぎたこともその原因と考えられます。回転する力の表記には、「そのまま回転するように表記するもの」もあったはずです。

5) BC間

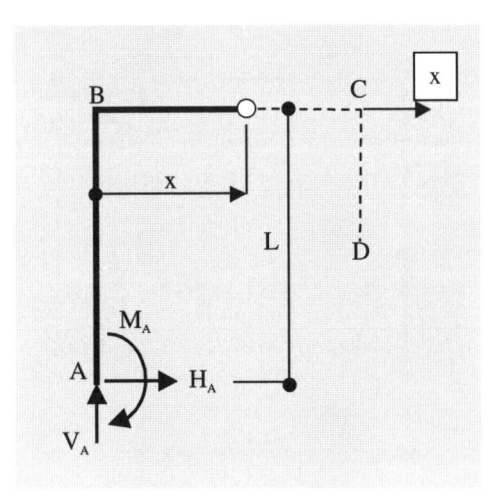

図86　BC間のx座標

■ **剪断力**

今度はBCに垂直な力の合計です。V_Aのみになります。

$$Q(x) = V_A = 0$$

反力の計算を誤っていなければ、この区間の剪断力はないことになります。

■ **曲げモーメント**

○より左側にあるものすべてを対象に考えましょう。

$$M(x) = V_A \times x - [B] \times L + M_A = 0 - PL + \frac{PL}{2} = -\frac{PL}{2}$$

[B]はアームの長さがLであることから明快にわかると思います。

> ＊ここで、V_Aは0だから式に書かなくてもよいだろうと思わずに、書き込む習慣を身につけて、検算しやすい状況をつくっておきましょう。また、モーメントの計算練習としても有効です。

6）CD間

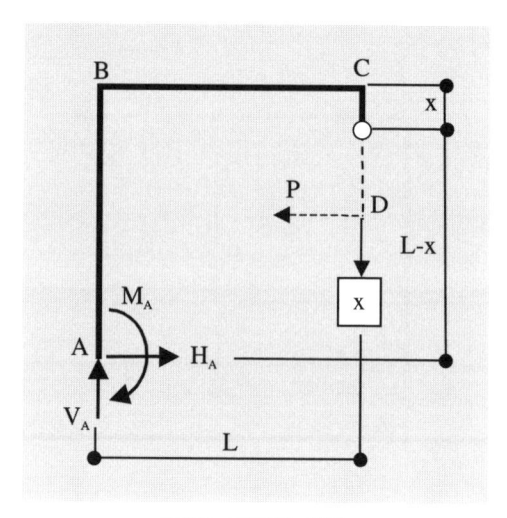

図87　CD間のx座標

■ 剪断力

CDに対して直交する向きを考えます。ただし、ゴーストになっている部分に作用している左向きの力Pは加算してはいけません。そうすると、H_Aのみになります。このとき、正の向きはxに対して考えますから、向かって右向きとなることに注意してください。

$$Q(x) = H_A = P$$

■ 曲げモーメント

○より左側にあるものすべてを対象に考えましょう。

$$M(x) = V_A \times [C] - H_A \times (L-x) + M_A = 0 - P(L-x) + \frac{PL}{2} = Px - \frac{PL}{2}$$

［C］については、おそらく解説は不要だと思われます。この式によりCD区間はxの一次式で表されることになり、曲げモーメントが直線状に分布することとなります。

7）剪断力図と曲げモーメント図

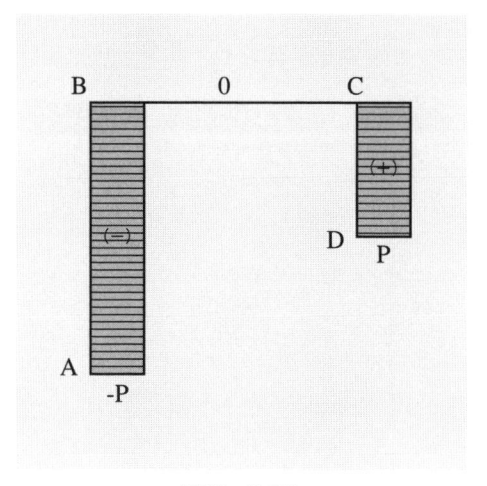

図88　S.F.D.

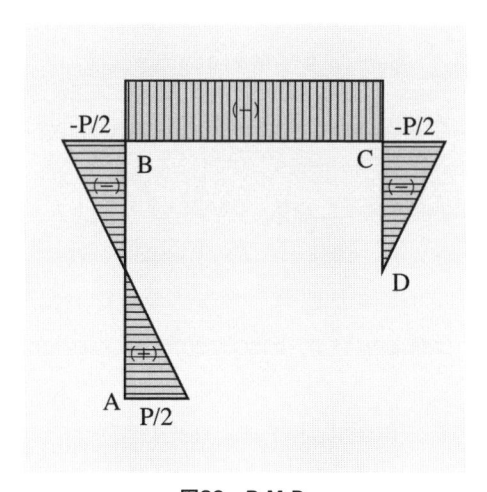

図89　B.M.D.

曲げモーメント図を見て、片持梁のそれと同じようになっていることに気づけば、構造物の全体の挙動を理解する力がついてきているといえるでしょう。

[例題3]

フレーム構造物の単純ですが重要な例題です。水平力が作用しています。

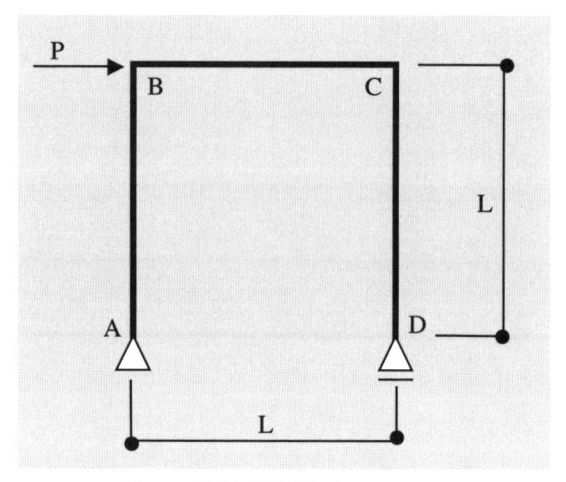

図90　水平力（地震）を受けるフレーム

1）反力の記入

慣れてくれば、反力の記入はあえて行わなくてもよいですが、しかし、自分の計算過程を見直し、力の流れを概観するには、このような力のみで表現された図が役立ちます。

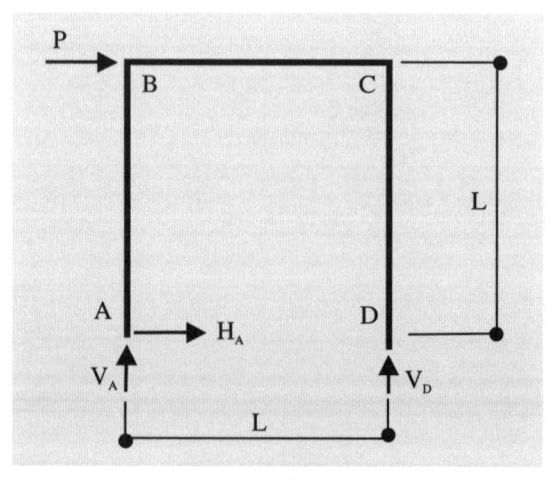

図91　反力の記入

2) 反力

$$\Sigma X = H_A + P = 0 \qquad \therefore H_A = -P$$

$$\Sigma Y = V_A + V_D = 0$$

$$\Sigma M_A = -V_D \times L + P \times L = 0 \qquad \therefore V_D = P$$

$$\therefore V_A = -P$$

ここで注意したいのは、鉛直方向の外力がないからといって、鉛直反力がなくなるわけではないということです。Pはこの構造物を回転によって転倒させようとする力を発生させますから、それにV_AとV_Dが一対になって（偶力として）回転で対抗しています。

3) 部材軸の設定

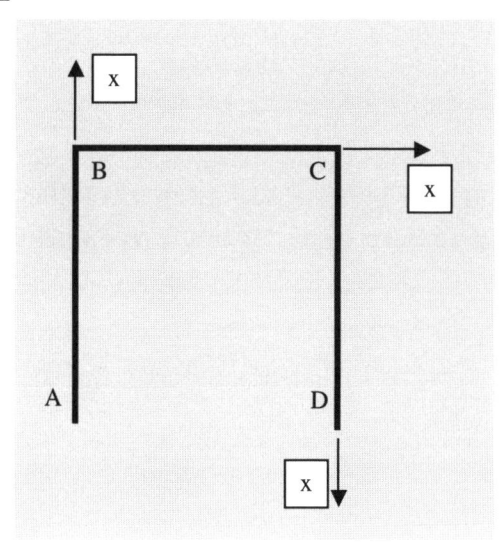

図92　部材軸の設定

各部材に沿って図のようになります。
例題2と同様であることがわかります。

4) AB間

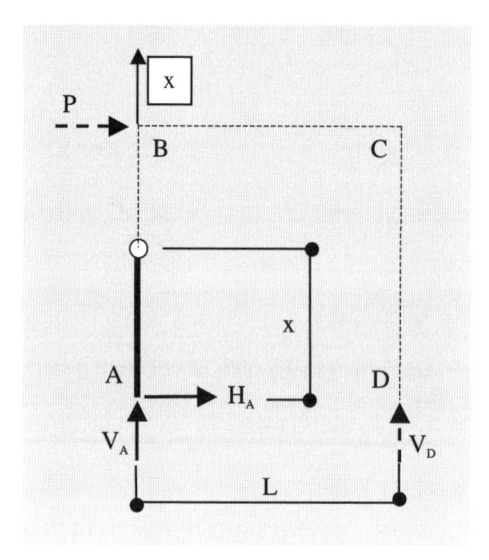

図93　AB間のx座標

■ 剪断力

ABに対して直交する向きを考えます。H_Aのみであることは明白です。このとき、正の向きはxに向かって左向きとなることに注意してください。水平外力Pはゴーストになります。

$$Q(x) = -H_A = P$$

■ 曲げモーメント

○より左側にあるものすべてを対象に考えましょう。

$$M(x) = -H_A \times x = Px$$

負の値ということは、ABの右側に曲げモーメント図を描くことになることが思い浮かんだでしょうか。A点(x=0)で、0、B点(x=L)で、PLになり、形状は直線状です。

5) BC間

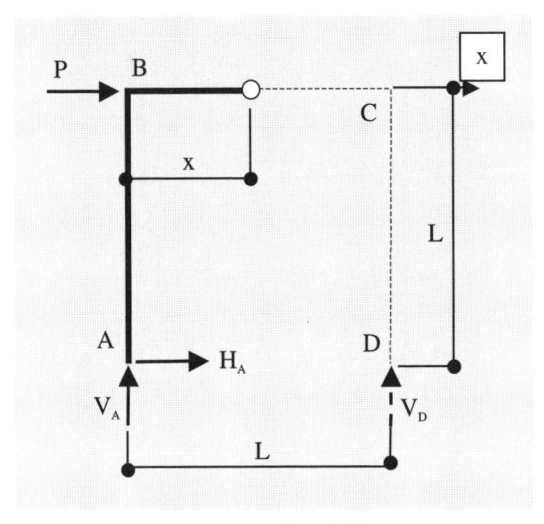

図94 BC間のx座標

■ 剪断力

BCに対して直交する向きは、図を見て上下方向です。したがって、BCに対してはたらく剪断力は、

$$Q(x) = V_A = -P$$

と得られます。上向きが正の方向となりますから、この分布図は部材BCの下側に描かれることとなります。

■ 曲げモーメント

○を中心に、ゴーストでない力をすべて考えると2つのモーメントがあります。

$$M(x) = -H_A \times [A] + V_A \times x = PL - Px = P(L-x)$$

B点（x=0）でPL、C点（x=L）で0になり、形状はxの一次関数ですから、先と同様に直線状です。

6）CD間

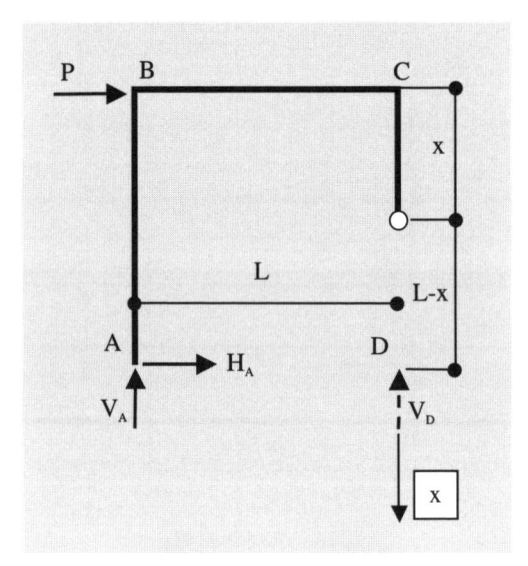

図95　CD間のx座標

■ 剪断力

CDに対して直交している力は2つあります。部材軸xが下向きですから、向かって右が正の向きになることに注意してください。

$$Q(x) = H_A + P = -P + P = 0$$

と得られます。

■ 曲げモーメント

○を中心に3つのモーメントがあります。

$$M(x) = -H_A \times (L-x) + V_A \times L + P \times [B] = PL - Px - PL + Px = 0$$

結果を見てわかるように、CDのどの位置でも、剪断力、曲げモーメントともに作用しません。したがって、グラフにする必要はありません。

7）剪断力図と曲げモーメント図

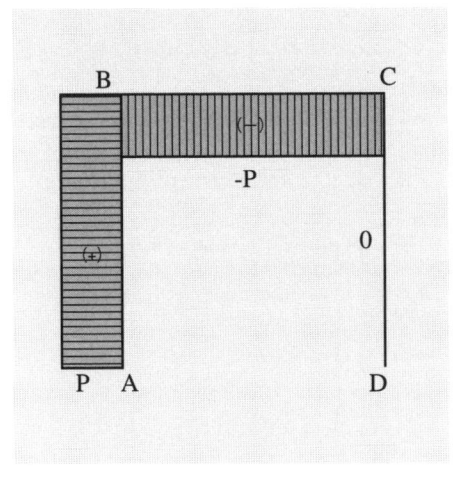

図96　S.F.D.

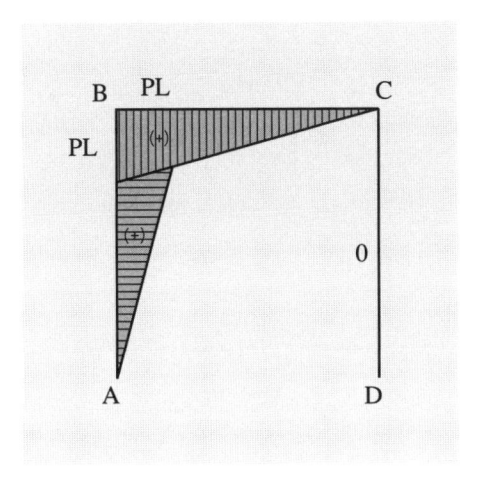

図97　B.M.D.

図を見ると、柱CDには剪断力と曲げモーメントが作用していないため、要らない部材に見えるかもしれません。しかし、軸力を表示してみることでその存在意義がわかると思います。また、柱CDが存在しないと、この構造物が安定して立っていられないこともわかるでしょう。

3 軸力図（補足として）

フレームの軸力図もトラスとなんら変わるところはありません。各々の区間で今度はx軸に沿った方向に作用する力を合算していけばよいだけです。ただし、最後のCD区間はD点で釣り合いをとることが最も簡易に軸力を求める方法となります。

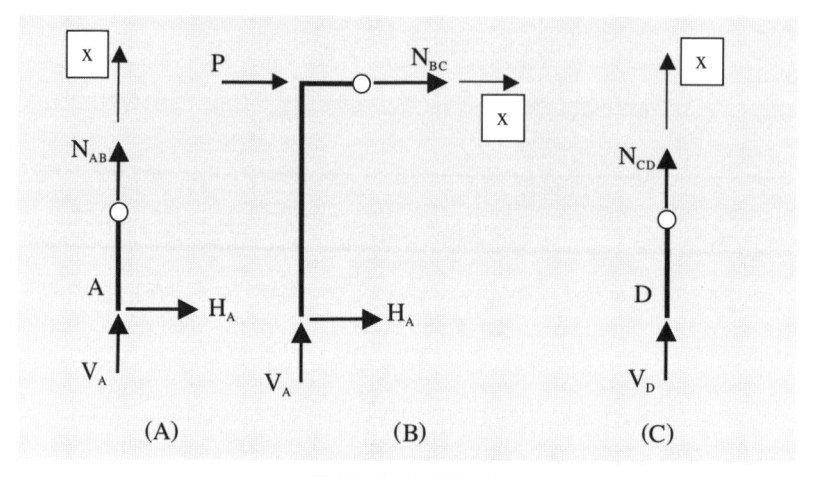

図98 軸力の計算時

図98（A）から、ABに作用する軸力は、

$$\Sigma X = V_A + N_{AB} = 0 \qquad \therefore N_{AB} = -V_A = P$$

図98（B）からは、

$$\Sigma X = H_A + P + N_{BC} = 0 \qquad \therefore N_{BC} = 0$$

図98（C）からは、

$$\Sigma X = V_D + N_{CD} = 0 \qquad \therefore N_{CD} = -V_D = -P$$

いずれもx方向の釣り合いをとったのみです。CD部材には圧縮でPの軸力が作用しているのも、AB部材が反対に引っ張られているのも、フレーム全体の変形を想像すれば容易に納得できると思われます。軸力図はグラフ化して表現してもよいですが、トラスと同様に図のように表現します。

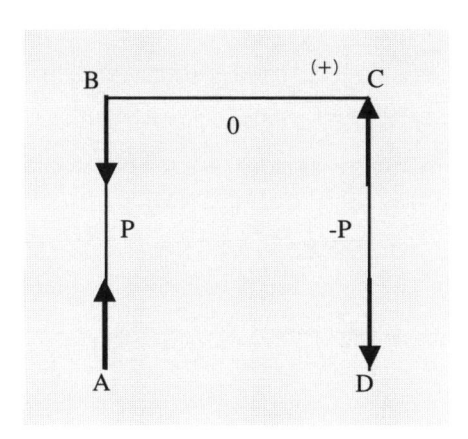

図99　軸力図

4　3ヒンジフレーム

フレームに3つのヒンジが存在するものです。2つのピン支持と1つのフレーム内ヒンジによって構成されます。反力を記入すると4つの力を描き込むことになります。したがって、3つの釣り合い式から反力を特定することができません。
しかしながら、4つ目の釣り合い式を適用できることから、静定フレームとして扱われます。

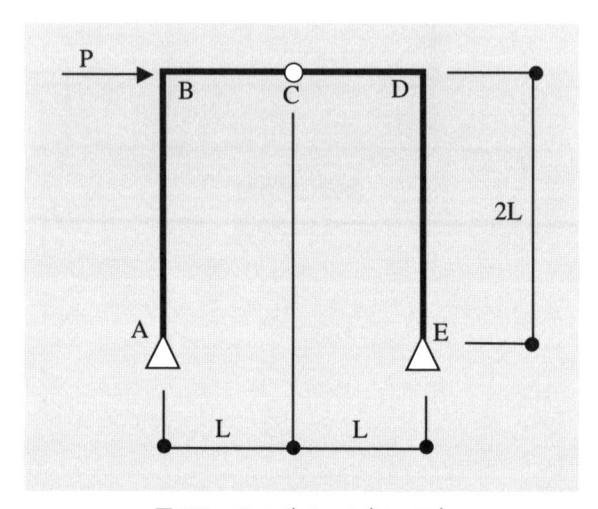

図100　3ヒンジフレーム（ラーメン）

このフレームはC点で曲げモーメントの伝達を途切れさせています。つまり、その位置で、モーメントは0になるわけです。自由に回転できる節点ですから、曲げようにも回転してしまうためです。よって、この点でモーメントが0になるという条件を使うことが可能になります。ただし、曲げが一時、内部のヒンジで伝達されなくなるわけですから、曲げモーメントの計算時と同じようにC点よりも左側にある力によるモーメントがそこで0になることを留意しておいてください。

> ＊4つ目の釣り合い式：
> ヒンジの位置を中心としたモーメントの釣り合いをとる。
> ただし、ヒンジよりも左側にある力のモーメントを合算すること。

1）反力の記入

図のように4つの反力が記入されます。

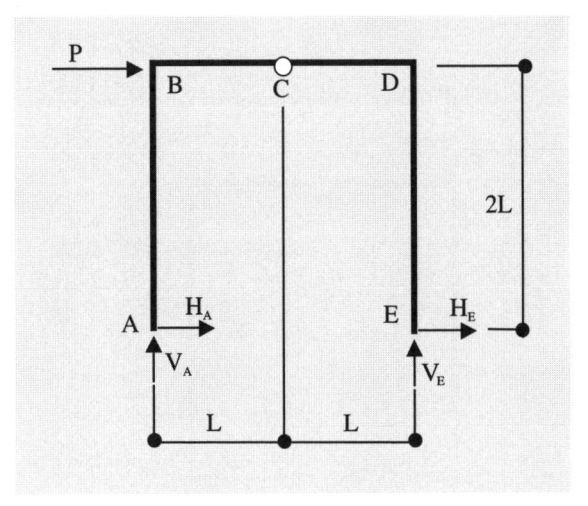

図101　反力の記入

2）反力

$$\Sigma X = H_A + H_E + P = 0$$

$$\Sigma Y = V_A + V_E = 0$$

$$\Sigma M_A = -V_E \times 2L + P \times 2L = 0$$

$$\therefore V_E = P$$

$$\therefore V_A = -V_E = -P$$

C点でのモーメントの釣り合いで、対象となる力はH_A、V_A、Pです。

$$\Sigma M_C = -H_A \times 2L + V_A \times L + P \times 0 = 0$$

$$\therefore H_A = \frac{V_A}{2} = -\frac{P}{2}$$

$$\therefore H_E = -P - H_A = -\frac{P}{2}$$

3）部材軸の設定

反力の計算が終わってしまえば、応力の計算は今まで述べてきたフレームのものとまったく同じ手順です。部材軸xも先の例題と同じようになります。

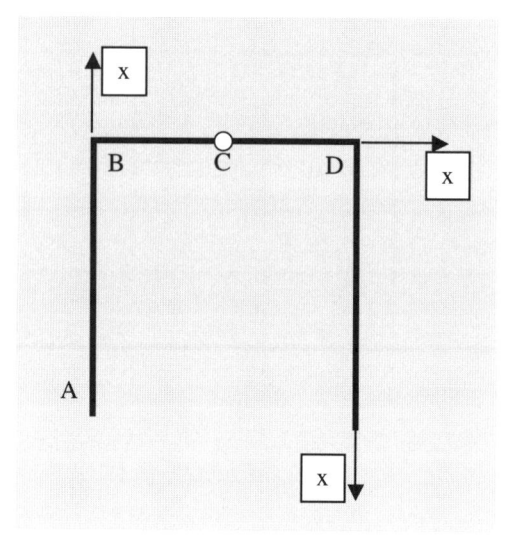

図102　部材軸の設定

4）AB間

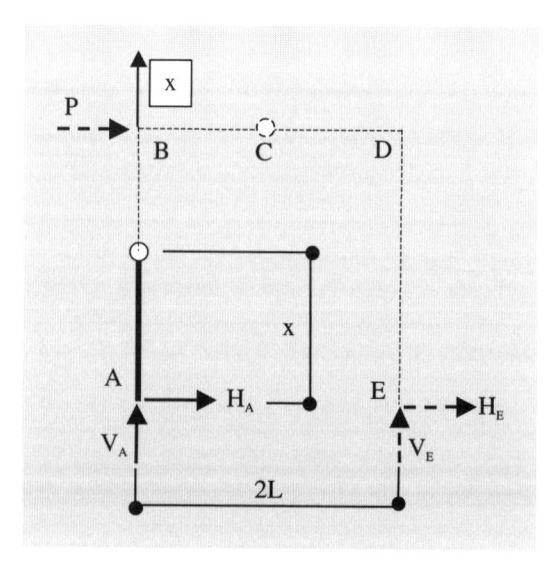

図103　区間ABにおけるx座標

■ **剪断力**

H_A のみであり、x軸が上向きであることから、向かって左が正の方向です。

$$Q(x) = -H_A = \frac{P}{2}$$

■ **曲げモーメント**

○より左側にあるものすべてを対象に考えましょう。

$$M(x) = -H_A \times x = \frac{P}{2}x$$

5) BC間

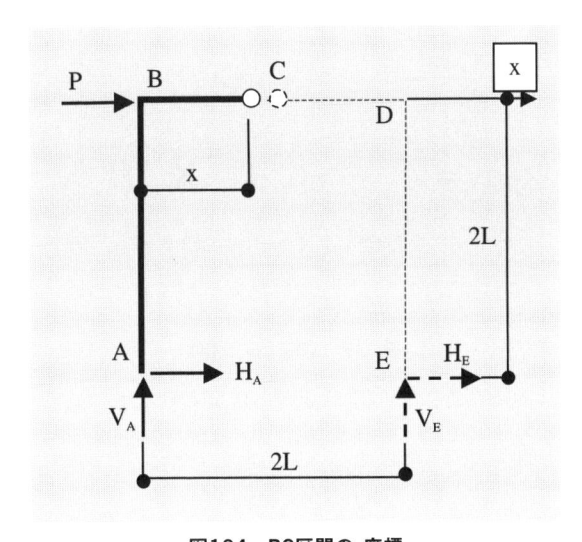

図104　BC区間のx座標

■ **剪断力**

V_A のみであり、x軸が右向きであることから、上が正の方向です。

$$Q(x) = V_A = -P$$

■ 曲げモーメント
○より左側にあるものすべてを対象に考えましょう。

$$M(x) = V_A \times x - H_A \times 2L = -Px + PL = P(L - x)$$

ここで、確認しておきたいのは、C点で曲げモーメントが0になる式が誘導できたかどうかです。C点はx=Lのときの点であるため、代入して確認できます。

6) CD間

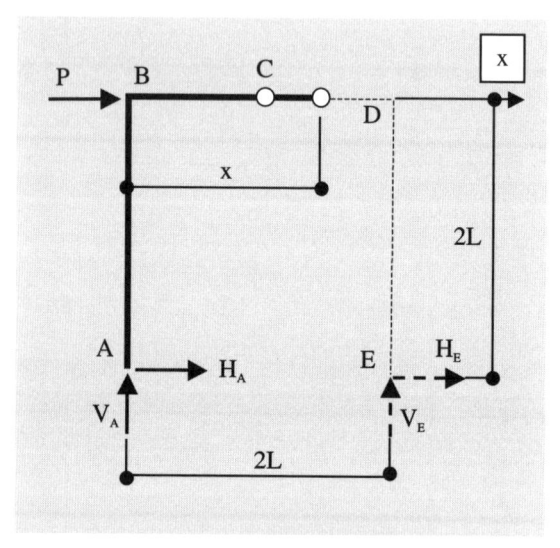

図105　CD区間のx座標

図を見てわかるように、BC間とゴーストでない力は変わりませんし、モーメントのアームの長さも変わりません。したがって、BC間と同じ式になることは明白です。BD間に外力がなければ、この区間はひとくくりにして問題ありません。

ただし、C点で構造物は一度リセットされるようなものなので、BC間で行ったように、その点でモーメントの伝達がないことを確かめておく必要はあります。

7) DE間

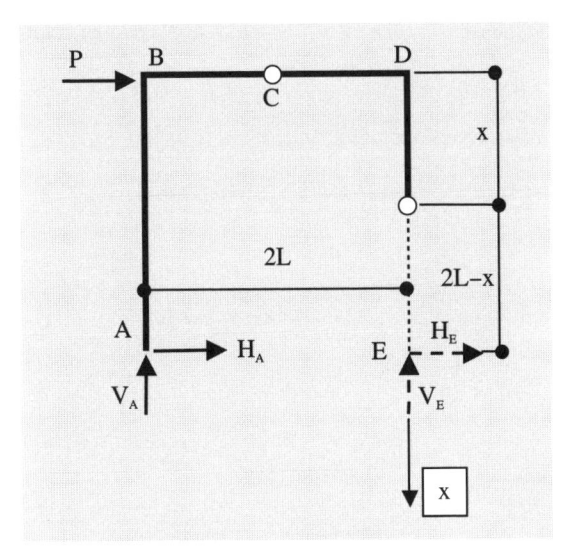

図106　DE区間のx座標

■ 剪断力

H_A、Pがあり、x軸が下向きであることから、向かって右が正の方向。

$$Q(x) = H_A + P = -\frac{P}{2} + P = \frac{P}{2}$$

■ 曲げモーメント

○より左側にあるH_A、V_A、Pのモーメントを考えます。

$$M(x) = V_A \times 2L - H_A \times (2L - x) + P \times x = -2PL + PL - \frac{P}{2}x + Px = \frac{P}{2}x - PL$$

E点はx=2Lですから、M(2L)=0となり、ヒンジの条件であるモーメントが0になることが確認できます。

8) 剪断力図と曲げモーメント図

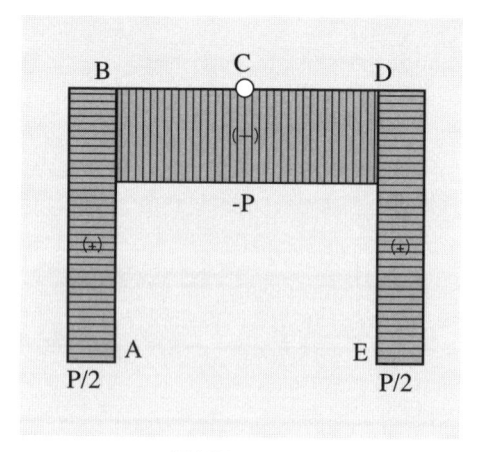

図107　S.F.D.

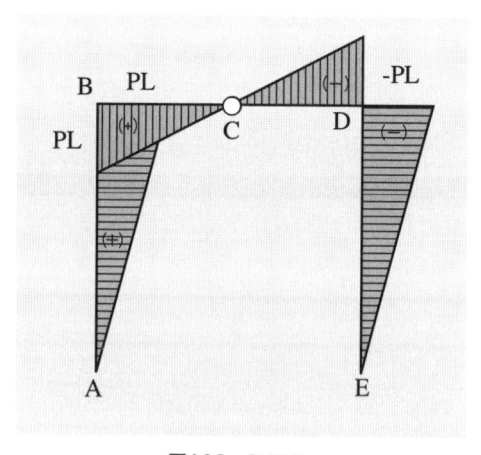

図108　B.M.D.

先の[例題3]と比べて、「おや」と思った点があるはずです。右の柱にもモーメントは発生していることがわかります。これは、E点に水平反力が割り振られたことから、曲げが発生していると考えましょう。E点が水平方向に抵抗してくれることで、このように曲げモーメント分布も変化するわけです。

5 演習問題

次のフレームの剪断力、曲げモーメントを計算し、剪断力図、曲げモーメント図を完成させよ。また、軸力図も作成せよ。

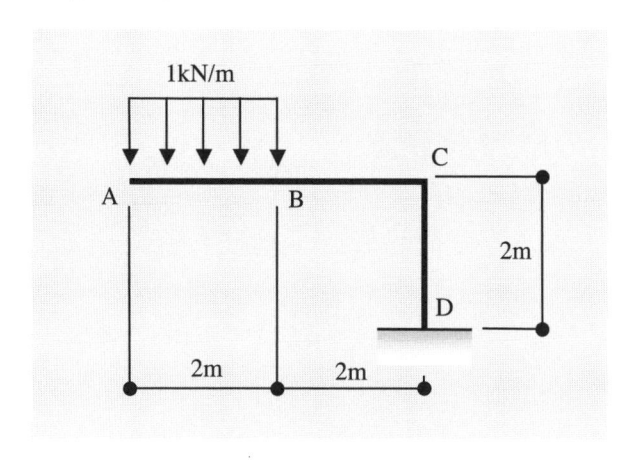

■ **アドバイス**
* 反力を計算しなくても応力図を描けます。
* ちなみにモーメント反力は $M_D = 6kN \cdot m$ となります。
* AB間の曲げモーメント分布はxに関する二次関数となります。

まとめと応用

1 フレームの応力計算法

これまで学んできた内容を思い出してみると、トラスで学んだ切断法は、フレームでもそのまま利用されていることがわかったのではないでしょうか。図のように考えるわけです。

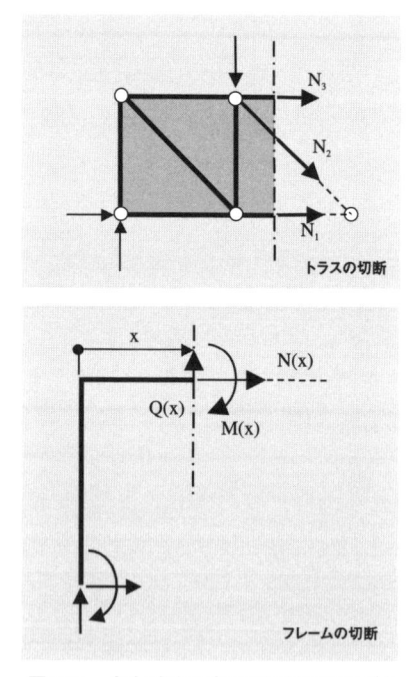

図109 応力計算はすべて切断法に基づく

フレームあるいは梁の応力を計算する際、xだけ距離を進めて注目した地点より左にある力を合算することで応力が計算できると解説してきました。ここで、トラスの切断法と同じ考え方で、xの位置でフレームが切断されたと考えてみましょう。そこには軸力$N(x)$、剪断力$Q(x)$、曲げモーメント$M(x)$なるxの位置における応力が書き込めます。これらを7、8章では求めていたわけです。

2 曲げモーメントと剪断力の関係

曲げモーメントと剪断力がはたらいている微小なかけらを考えましょう。これ自体が釣り合っていなければ移動してしまいますので、xの位置では正の剪断力、曲げモーメントがはたらいて、Δxだけ右に行ったところでは反対向きに記入しています。

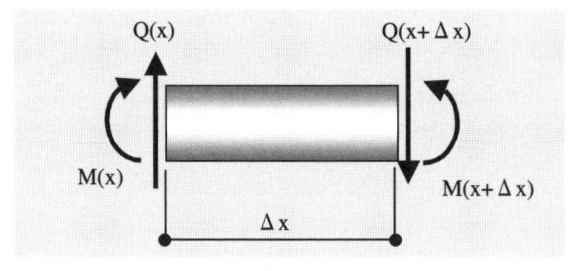

図110 曲げモーメントと剪断力

この物体で(x+Δx)の位置を中心としてモーメントの釣り合いをとってみましょう。

$$\Sigma M_{(x+\Delta x)} = M(x) + Q(x) \times \Delta x - M(x+\Delta x) = 0$$

$$Q(x) = \frac{M(x+\Delta x) - M(x)}{\Delta x}$$

さらに、Δxを小さくしていき、1点に限りなく近づけます(Δxを0に近づける)。

$$Q(x) = \lim_{\Delta x \to 0} \frac{M(x+\Delta x) - M(x)}{\Delta x} = \frac{dM(x)}{dx}$$

上式は「微分」の定義式となっています。つまり、

　　　　曲げモーメント分布を微分すると剪断力分布

となるわけです。微分をある程度理解できている人は、この式で応力分布図が確かかどうかを「検算」することも可能です。

> ＊この節で解説したものは、他のテキストでは応力計算の最初のあたりで出現することもあります。このテキストでは「応力計算にアプローチする」ことを主眼に置いているため、最後に配置することとしました。

3 応用問題

トラス、梁、フレーム構造物の応力計算問題を各2題ずつ用意しました。解答は他の人（教員、講師を含めて）とコミュニケーションをとって確認することをお勧めします。どのような問題解決にも相談が肝要です。

また、もっと多くの演習にチャレンジしたい人は文献1)や2)をあたってみてください。これらは初学者には敷居の高いものになりますが、充実した演習が可能になると思います。他にもさまざまな書籍が出版されていますので、自分の目で見て選んでみましょう。一方で、どうも数学がおぼつかないので一度復習したいと思われる方は、文献3) などを読んでみるのもよいでしょう。

1.トラスの軸力分布図を作成せよ。ただし、計算過程をていねいに記すこと。

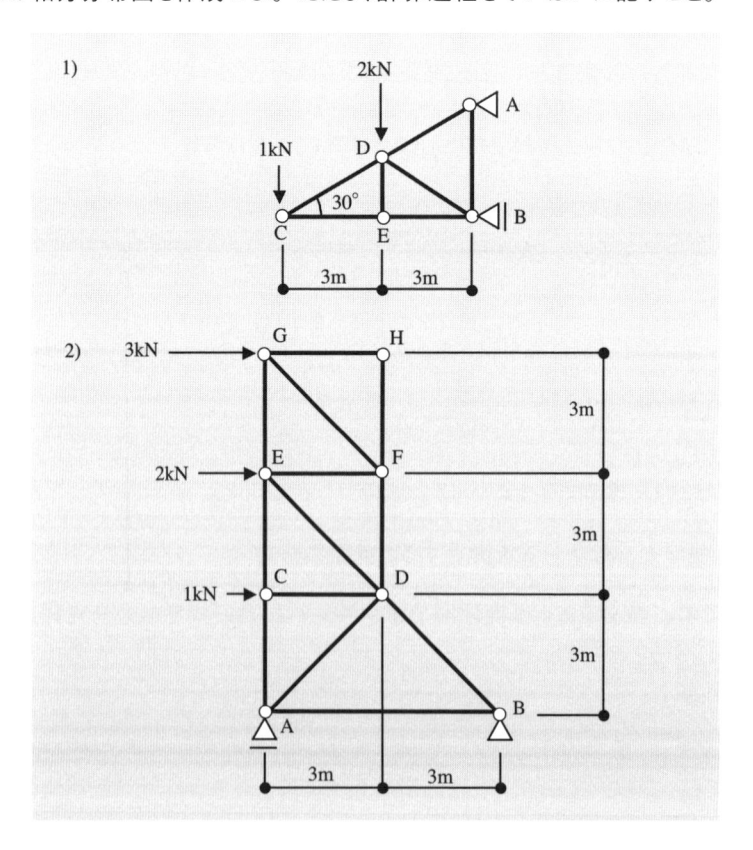

2. 梁、フレームの剪断力、曲げモーメント分布図を作成せよ。ただし、計算過程をていねいに記すこと。

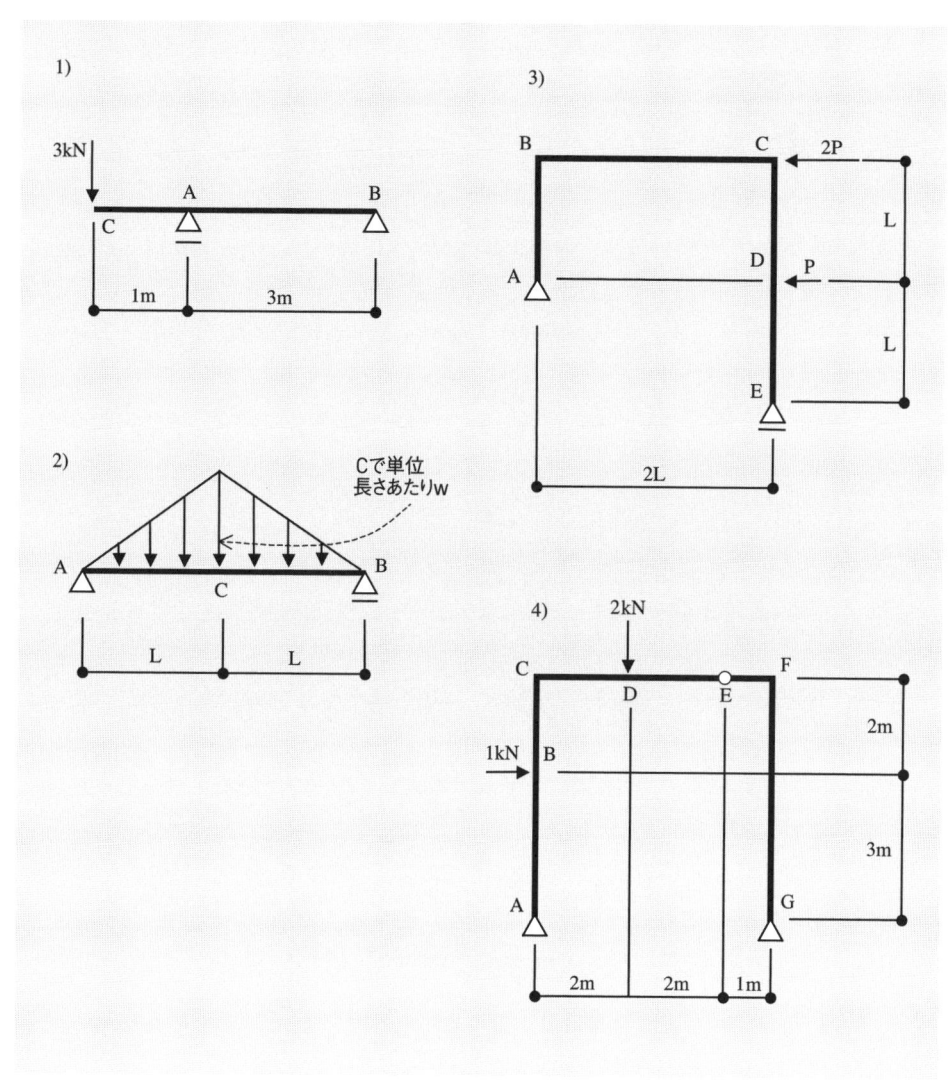

1)

3kN ↓
C —— A △ —————— B △
    1m   3m

2)

Cで単位長さあたりw

A △ ———— C ———— B △
     L   L

3)

B ————————— C ← 2P
| |
| | L
A △   D ← P
| |
| | L
| E △
    2L

4)

        2kN ↓
C ————— D ——— E ○——— F
| |
| | 2m
1kN → B |
| | 3m
| |
A △   G △
   2m   2m   1m

文献
1) 望月重、濱本卓司共著『建築構造のための力学演習』鹿島出版会、2003年
2) 遠田良喜著『構造力学「超」学習』培風館、2001年
3) 岡島孝雄著『イラスト建築数学入門I [基礎編]』東洋書店、1993年

付録　問題の解答

図中、反力は正の方向に矢印を描いています。負の値になった場合、その反対方向に実際にははたらくことになります。

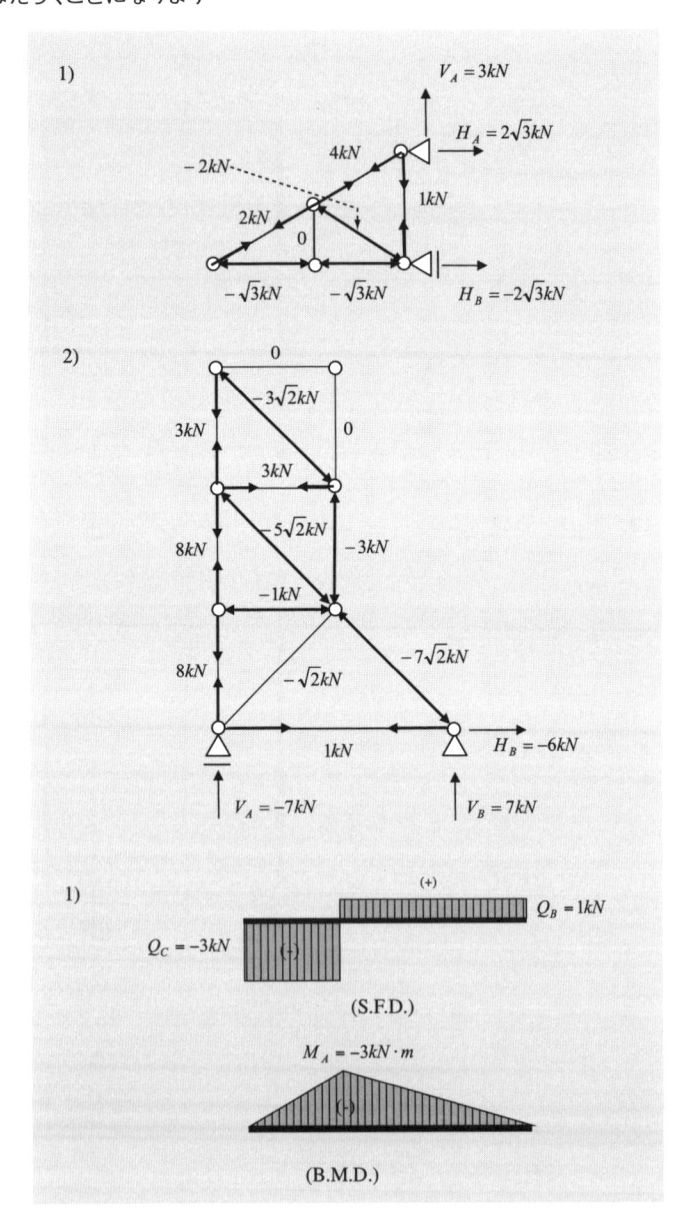

1)

- $V_A = 3kN$
- $H_A = 2\sqrt{3}kN$
- $4kN$
- $-2kN$
- $1kN$
- $2kN$
- 0
- $-\sqrt{3}kN$
- $-\sqrt{3}kN$
- $H_B = -2\sqrt{3}kN$

2)

- 0
- $-3\sqrt{2}kN$
- $3kN$
- 0
- $3kN$
- $-5\sqrt{2}kN$
- $-3kN$
- $8kN$
- $-1kN$
- $8kN$
- $-7\sqrt{2}kN$
- $-\sqrt{2}kN$
- $1kN$
- $H_B = -6kN$
- $V_A = -7kN$
- $V_B = 7kN$

1)

- $Q_B = 1kN$
- $Q_C = -3kN$
- (+)
- (−)

(S.F.D.)

- $M_A = -3kN \cdot m$
- (−)

(B.M.D.)

2)

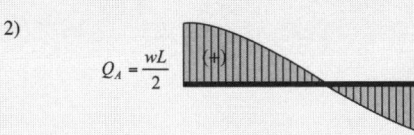

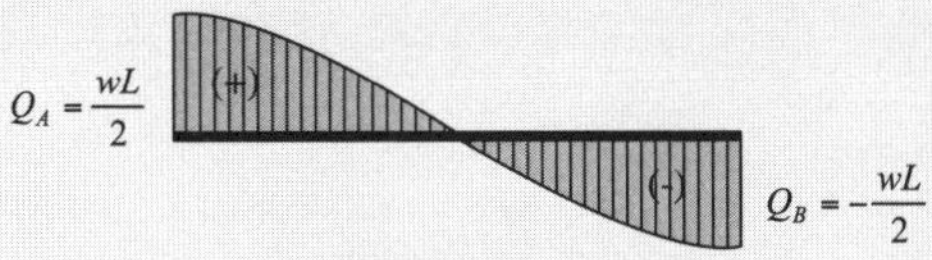

$Q_A = \dfrac{wL}{2}$

$Q_B = -\dfrac{wL}{2}$

$$Q(x) = \dfrac{w}{2L}\left(L^2 - x^2\right)$$

(S.F.D.)

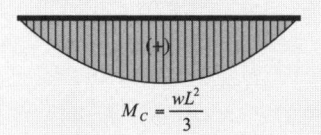

$$M_C = \dfrac{wL^2}{3}$$

$$M(x) = \dfrac{wLx}{2}\left(1 - \dfrac{x^2}{3L^2}\right)$$

(B.M.D.)

3)

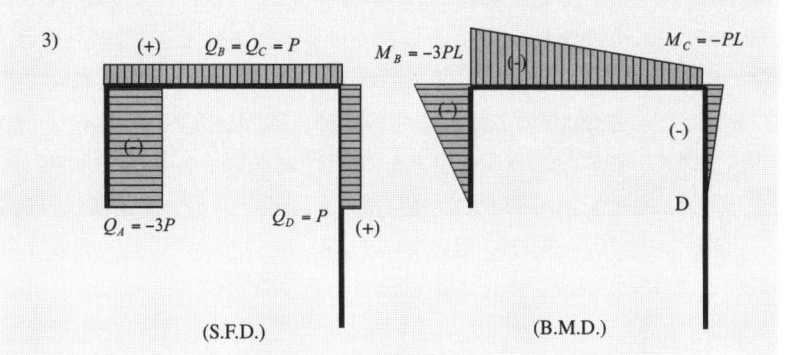

$Q_B = Q_C = P$

$Q_A = -3P$

$Q_D = P$

(S.F.D.)

$M_B = -3PL$

$M_C = -PL$

(B.M.D.)

4)

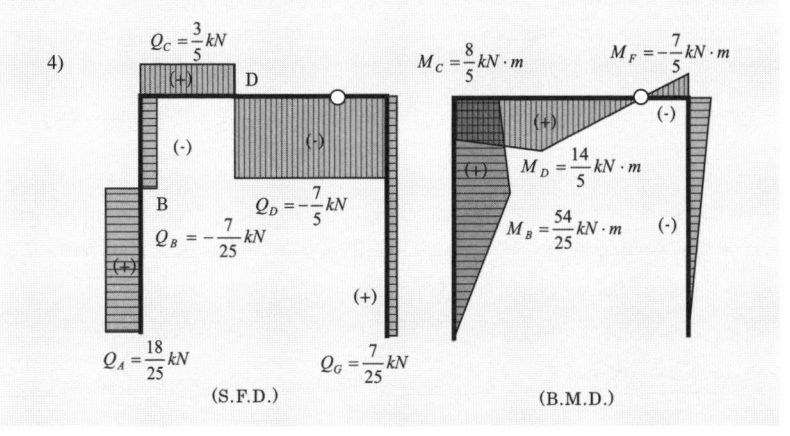

$Q_C = \dfrac{3}{5}\,kN$

$Q_B = -\dfrac{7}{25}\,kN$

$Q_D = -\dfrac{7}{5}\,kN$

$Q_A = \dfrac{18}{25}\,kN$

$Q_G = \dfrac{7}{25}\,kN$

(S.F.D.)

$M_C = \dfrac{8}{5}\,kN \cdot m$

$M_F = -\dfrac{7}{5}\,kN \cdot m$

$M_D = \dfrac{14}{5}\,kN \cdot m$

$M_B = \dfrac{54}{25}\,kN \cdot m$

(B.M.D.)

おわりに

ここまで読み切れた人は、おそらく静定構造物の応力分布図を描くことが苦にならなくなっていると思われます。一つひとつの例題に筋道をつくって解説してきたつもりですが、どの程度伝わっているかは、読者の方々の反応に頼らざるを得ないところです。

建築構造物に関する初歩の力学は案外汲みやすいものだったなぁ、と思っていただければなお幸いで、今後、もっと複雑な構造物の解法、コンピュータを利用した解析方法、実験しなければわからない現象の解明などに興味がつながっていくことを願っています。

さて、「裏の裏」という言葉があります。字面だけ見ると、表に相違ない場合もあるのですが、本来、相手の裏をかく、に対して「さらに相手のその裏をかく」に通じます。そのような「奇襲、奇策」的なものはどのようにして生み出せるのでしょうか。相手に「うまい、一本取られた」と言わしめるような状況を生み出すには、物事の「常識」をまず知った上で、それに対して「違った角度」から分析し、「違ったアプローチの仕方」を提案しなければなりません。ですが本書ではそのような他のやり方は取り上げていません。重要なのは、その根幹部分で、まず「常識」つまり、基礎知識が必要なのです。しかしながら、応用以前に基礎が重要であることは「当たり前」と思われている一方で、案外、「基礎」は楽しくないもので、皆から嫌われています。華やかな成果、軽やかな対応だけを重んじることなく、地道なこと、重たいことこそ、「格好良い」と評価できる建築技術者、あるいは設計者に読者の皆さんがなってもらえることを願っています。

そして、再度「NEVER UP, NEVER IN」を思い出してください。（地道な積み上げが）到達することでボールはカップインします。

第I部は渡部と高島の共著となっています。そのなかでは建築構造が概観できるような実構造物やその特性、技術などを分類して解説しています。第II部に入って、力学の話で息切れしそうになったら、第I部の実構造物をいろいろな媒体（書籍、動画、インターネットなど）で眺めたり、建築の持つロマンを再認識して、リフレッシュしてみてください。

出典リスト

第Ⅰ部
図3　図:奈良文化財研究所／写真:土屋沙希
図11　*Compendiosa totius anatomie delineatio, aere exarata*, Andreas Vesalius,1545（『人体の構造について』）
図17,56,57　アラン・バーデン
図26,27　土屋沙希
図42　森田一弥
図55　鹿島出版会
図58,59,72　川口衞構造設計事務所
図78　アクティブアンカーシステム 高周波熱錬(株)
図85　五十田 博

執筆リスト

建築学教育研究会　執筆者・担当一覧

大塚雅之
おおつか・まさゆき

関東学院大学建築・環境学部建築・環境学科教授
・まえがき

高島英幸
たかしま・ひでゆき

関東学院大学建築・環境学部建築・環境学科教授
・建築の構造力学を学ぶ
・第Ⅰ部1章〜3章1節
・第Ⅱ部
・コラム1、2

渡部 洋
わたなべ・ひろし

関東学院大学建築・環境学部建築・環境学科教授
・第Ⅰ部3章2節〜4章

はじめての建築学──構造力学基礎編
建築にはたらく力のしくみ

2008年8月25日　第1刷発行
2025年5月25日　第6刷発行

編者
建築学教育研究会

著者
高島英幸＋渡部 洋

発行者
新妻 充

発行所
鹿島出版会
104-0061　東京都中央区銀座6-17-1 銀座6丁目-SQUARE 7階
電話 03-6264-2301　振替 00160-2-180883

印刷・製本
壮光舎印刷

デザイン
高木達樹（しまうまデザイン）

© Hideyuki Takashima, Hiroshi Watanabe, 2008
無断転載を禁じます。落丁・乱丁本はお取替えいたします。
ISBN978-4-306-03349-8　C3052　Printed in Japan

本書の内容に関するご意見・ご感想は下記までお寄せください。
URL:https://www.kajima-publishing.co.jp
e-mail:info@kajima-publishing.co.jp